Le Temps des Maîtres

MAITREYA

Le Temps des Maîtres

Transmis par Marlice d'Allance

2012
Collection dirigée par
PASCALE ARCAN

ÉDITIONS HÉLIOS

Les Éditions Hélios - La Turinière - 50530 Montviron
site : editionhelios.com
Courriel : helios@editionhelios.com
ISBN 2-88063-328-1

Dédicace

Je dédie ce livre à la jeunesse du monde entier.

Puissent ces pages lui apporter espoir et courage pour bâtir ce nouveau monde auquel nous aspirons tous.

Remerciements

Je remercie mes Maîtres bien-aimés, dont j'ai reçu des trésors impossibles à énoncer.

Je remercie ma famille et mes amis pour l'amour et le soutien qu'ils m'ont apporté, ainsi que tous ceux qui ont croisé mon chemin, que ce soit pour m'aimer ou pour me rejeter, car ils m'ont tous permis d'apprendre des leçons et de grandir un peu.

Un grand merci à Franck Bernard, mon éditeur, pour la confiance qu'il m'a manifestée.

Et reconnaissance aussi à tous ceux qui lisent ces pages. Qu'ils y trouvent un écho à leurs vœux secrets et un encouragement à aller de l'avant dans leur quête, et j'en serai amplement récompensée.

Marlice d'Allance

Avant-Propos

Le fait que vous achetiez ce livre ou qu'il vous tombe entre les mains d'une façon ou d'une autre n'est pas anodin car, vous le vérifierez souvent par la suite, **tout a sa raison d'être**. Vous êtes éveillé(e) ou en train de vous éveiller aux Nouvelles Énergies Cosmiques qui inondent la Terre depuis un certain temps déjà et sont chaque jour plus fortes.

La spiritualité de l'avenir sera basée surtout sur une relation directe, un dialogue (télépathique au début, puis « réel », comme nous appelons les phénomènes que nous percevons par nos cinq sens humains) avec la Hiérarchie Céleste. Ce dialogue s'établit déjà avec ceux dont la sensibilité aiguisée et le chemin spirituel parcouru auparavant ont permis de devenir « canals », des relais pour transmettre à tous ceux qui cherchent Vérité et Justice dans les messages des Maîtres Ascensionnés.

Après quelques tentatives pour créer un mouvement à l'échelle planétaire, malheureusement déviées par des disciples pas assez mûrs ou aiguillonnés par leurs ambitions personnelles, les Maîtres ont décidé d'utiliser la bonne volonté d'individus isolés ou de petits groupes de personnes, sans autres gourous ou dirigeants qu'Eux-Mêmes, sans temple ni dogme et avec des moyens matériels réduits au minimum, pour faire circuler leurs messages.

Ainsi est né un enseignement totalement respectueux du libre arbitre de chacun, qui propose beaucoup de clés pour améliorer les relations humaines, y compris les relations de soi à soi et celles avec le monde transcendant, et donc toute la vie sur Terre.

Ce que vous lirez, entendrez ou regarderez qui ne produira pas en vous les fruits d'un mieux-être, d'une plus grande tolérance et d'un désir de bien pour tous ne viendra pas des Sources Célestes.

Que ce critère guide vos choix et que votre récolte soit abondante.

L'Auteure

Introduction

Ce qui suit sont des messages du Seigneur Maitreya, le Logos Solaire, qui vient apporter à la Terre les clés qui lui permettront d'ascensionner sur d'autres dimensions. Écoutez Ses paroles, car avec les pauvres mots humains qui expriment si mal les choses de l'esprit, passent de Lui vers vous les énergies puissantes contenues dans ces écrits, lesquelles ne vous demandent que d'ouvrir votre cœur pour les accueillir.

Il ne vient pas seul. Avec Lui il y a tous les Maîtres Ascensionnés qui, depuis des siècles et des siècles essayent de nous aider, de nous guider, de nous enseigner, sans parvenir à nous sortir d'un sommeil profond qui nous a fait oublier même qui nous sommes.

Et au premier plan nous revient notre Berger, Jésus (Maître Sananda), Celui qui a tout sacrifié pour semer en nous les graines de la Vérité et de l'Amour.

Que Ses fidèles se réjouissent ! Il est bien là, plus aimant que jamais, pour nous apporter le bonheur de Sa présence, mais cette fois dans l'allégresse. On ne parlera plus de crucifié, de passion et de mort, mais du Ressuscité qui nous a montré le triomphe de la Vie sur la Mort, de la Lumière Divine sur l'obscurité.

Moi qui, comme quelques autres, suis leur canal pour vous apporter les messages qui aideront tous ceux qui se réveillent, tous les êtres de bonne volonté, à ascensionner avec la planète, je vous répète les mots qui jaillirent de mon cœur après un séminaire auquel je viens de participer.

Dès mon retour chez moi, j'étais bouillonnante d'énergie. Le matin de ce lundi 22 mars à 5 heures du matin, je n'avais plus sommeil et je revivais ces deux journées que je venais de connaître, sous le titre « Voie d'Amour, Voie de Transformation, Voie d'Abondance ».

Une pensée m'est venue : « Je n'avais pas vécu quelque chose d'aussi merveilleux depuis... depuis la Pentecôte. » (Et le mot sortit tout seul de mon cœur). Je ne parlais pas d'une quelconque célébration, mais bien du véritable événement vécu il y a 2000 ans.

Cela veut-il dire que j'y étais en chair et en os ? Ce n'est pas impossible pour ceux qui savent que l'on vient sur Terre une fois et une autre. Mais il est probable que, comme des milliers d'autres êtres, peut-être comme vous qui me lisez, j'y étais en esprit, en tant que graine des apôtres des nouveaux temps, graine dans ces semailles qui ainsi se terminaient.

Ces graines sont aujourd'hui mûres et la moisson va commencer.

Oui, j'y étais, et peu importe sous quelle forme ou absence de forme.

J'éprouve aujourd'hui le même sentiment d'amour profond, d'enthousiasme, de plénitude, comme si mon âme était soudain devenue trop grande pour être contenue dans mon corps et qu'elle se déversait sur toute la planète et au-delà.

Je ressens les dons de l'Esprit retrouvés, encore très mal maîtrisés à portée de main, les potentiels infinis de la Vie et de l'être humain/Divin réunis par l'Amour de soi, du Père, de toute la Création. Et je ne puis que dire comme Jean-Sébastien Bach :

« O Seigneur, que ma Joie Demeure ! »

Mon vœu le plus cher, en commençant cet humble mais exaltant travail de scribe, est de transmettre fidèlement ce qui m'est dicté, afin que dans vos cœurs, chers lecteurs, s'épanouisse la fleur d'amour, de paix, de lumière et de joie qui s'ouvre dans le mien.

Et que nous soyons tous réunis, sur nos plans manifestés et sur ceux non-manifestés, dans cette communion de l'amour inconditionnel et de la fraternité vraie.

L'Auteure

INTRODUCTION

Par le Seigneur Maitreya

Ceux qui connaissent mes enseignements trouveront dans ce livre un style qui ne m'est pas habituel. En effet, j'ai utilisé avec ce canal une méthode qui ne m'est pas coutumière et je souhaite vous dire pourquoi avant que vous ne commenciez à faire des conjectures.

Sur les Plans Célestes, nous somme très organisés. N'en déplaise à ceux qui rêvent d'anarchie, le désordre n'a jamais été bénéfique pour qui que ce soit. Et, au contraire de ce que certains, surtout les plus jeunes, peuvent penser, liberté et désordre ne sont pas synonymes. Plus vous devenez libres, plus vous aimez l'ordre, sans tomber dans les excès qui, comme dans tous les domaines, sont à éviter.

Les Maîtres ont leurs spécialités. Chacun s'occupe en priorité d'un secteur, d'un aspect de la situation que l'on veut transformer. Ma spécialité est, comme certains le savent déjà et d'autres pas encore, l'enseignement des pratiques de L'Homme Nouveau sur la Nouvelle Terre.

J'ai donné des tonnes de directives, en différentes langues, en des points nombreux sur cette planète. J'ai utilisé la bonne volonté de dizaines, voire de centaines de « canals », à qui j'ai dicté des textes interminables et auxquels je voue un amour infini et une totale reconnaissance.

Mais je ne m'estime pas écrivain. Voyez-vous, je ne pense pas que, si je venais en ce moment sur Terre dans un corps de la 3e dimension, je pourrais gagner ma vie par la plume. J'ai bien conscience que les textes que je dicte sont plutôt lourds et que les lecteurs qui ne sont pas très *motivés*, pour employer un langage actuel, risquent de les trouver parfois un peu... disons, indigestes.

Ce qui m'a plu chez le canal auquel j'ai donné les messages qui constituent ce livre a été la légèreté qui se marie à la profondeur, le langage simple et clair, le sens de l'humour qui n'enlève rien au sérieux des sujets.

J'ai donc décidé de faire une entorse à mes habitudes. Je l'instruis pendant la nuit, dans son sommeil, et le matin venu elle met sur le papier, à sa propre façon, les concepts reçus.

Ainsi donc, ceux qui connaissent déjà ma manière de m'exprimer ne doivent pas être surpris par ce nouveau style. Le canal, elle, l'a été. Elle se désolait du manque de solennité de la transcription et voulait même tout arrêter, par manque d'assurance, de confiance en elle-même.

Elle *savait* pourtant, en son cœur, qu'elle avait écrit depuis plusieurs siècles et que j'avais mes raisons pour la nommer « Commandeur»[1] dès la première fois qu'elle est venue à moi. Cela faisait partie de ses choix, pris

---

1 Le mot « commandeur » a différents sens, mais au fil du temps il est devenu surtout un titre honorifique. Pour les Maîtres il désigne quelqu'un qui, avant de s'incarner, a assumé la responsabilité morale d'ancrer la Lumière Divine dans une zone du globe, de la maintenir en lui et la faire rayonner tout autour. Il n'a d'autorité sur personne- NDA.

avant de s'incarner. Mais, comme la plupart d'entre vous, elle avait tout oublié.

A ce moment-là elle n'avait pas la moindre idée de qui j'étais et m'a appelé, pendant quelque temps, en raison de problèmes de prononciation,« Maître Ja »(ou Ia). Ceci pour l'anecdote.

J'ai eu du mal à la convaincre que les choses sérieuses ne sont pas incompatibles avec l'humour et que le rire est un des plus grands dons du Ciel.

J'espère que vous serez d'accord avec moi et que cette lecture vous apportera autant de connaissances que de plaisir.

1 - L'État Christique

Vous avez déjà entendu dire que le Christ est une énergie cosmique. Ceci étant, qu'est-ce que l'Etat Christique ?

Vous pouvez le définir comme la totale union avec le Père/Mère/Créateur, avec Sa Volonté et son Plan pour cette planète. Lorsque vous aurez atteint l'amour total de vous-mêmes et fait rayonner cet amour sur toute l'humanité, sur tous les règnes, sur la Terre et aussi sur toute la Création, et l'aurez fait remonter jusqu'à la Source, alors vous êtes un Christ.

Un Christ a une confiance absolue en la Source de *Tout ce Qui Est*. Un Christ n'a pas de soucis, pas d'angoisses, ni sur son passé, ni pour son avenir. Il est l'Enfant Divin qui se laisse conduire par son Père et met ses pieds dans les pas de ses frères aînés qui ont pris avant lui le chemin du Foyer.

Nous, les Maîtres Ascensionnés, sommes ces frères aînés. Nous vous avons souvent répété que ce n'était pas difficile aujourd'hui d'emprunter ce chemin. Ce n'est ni difficile ni long.

Néanmoins, il ne faut pas croire qu'il vous suffit de prendre un bon repas, de préférence bien arrosé, d'allumer ensuite un cigare en sirotant un bon cognac, et vous attendre à ce que le serveur vous apporte, sur le même plateau, un diplôme qui fait de vous un Christ. Il y a tout de même quelques pas à faire, quelques efforts à produire, chers enfants. Ne vous y trompez pas. Mais rien de comparable à ce que nous, de notre côté, avons dû subir pour arriver là où nous nous trouvons. Et c'est très bien ainsi.

Vous laisseriez-vous mourir de soif à quelques dizaines de mètres d'une source d'eau pure et cristalline ? Ou vous les feriez, ces quelques mètres, en rampant si besoin était ?

Donc, vous devez vous préparer à ce que, malgré l'amour des Pères et de vos Frères de Lumière, malgré l'harmonie qui s'établit peut-être depuis quelque temps dans votre famille ou votre lieu de travail, dans votre cercle d'amis ou encore dans votre groupe de méditation, surtout depuis que vous vous efforcez de vivre dans l'amour, un jour ou l'autre un défi se présente à vous.

Cela pourrait être un test, une petite épreuve que nous vous envoyons pour vous secouer un peu lorsque vous vous assoupissez.

Mais cela peut être et ce sera le plus souvent un défi de la vie, de votre entourage immédiat ou plus lointain.

Essayez alors de vous observer, d'analyser vos réactions à ces moments moins paisibles. Que faites-vous ? Vous centrez-vous en votre cœur, dans les énergies d'amour dont il doit être débordant ? Ou, au contraire, rejetez-vous les énergies inharmonieuses qui viennent à vous ? Réagissez-vous à l'agression par le rejet, par la colère ?

Si vous faites ceci, vos vibrations vont baisser et vous allez vous mettre au diapason de ces forces négatives, et par là **les nourrir**. Au lieu de hisser vos frères et sœurs vers le plus haut d'eux-mêmes, vous vous laissez ramener à leur niveau, ce qui n'est pas votre rôle.

Nous ne vous disons pas ceci pour vous décourager mais pour que vous vous rendiez compte du travail qu'il vous reste encore à faire. Et sachez que vous pouvez demander notre aide pour l'accomplir. N'oubliez pas que nous sommes là, tout près de vous, à chaque instant, prêts à vous remplir de la force qui peut vous manquer.

Il est vrai que vous avez réalisé d'énormes progrès, vous tous qui lisez ces pages, et que sur ces Plans Célestes nous sommes fiers de vous. Mais que ceci ne vous empêche pas de marcher encore un peu, de couvrir les quelques mètres vous séparant de la Source qui étanchera votre soif pour toujours.

Vous êtes des Travailleurs de la Lumière. Vous êtes venus ici, sur la Terre Gaia, pour être les catalyseurs de la Lumière Divine, pour l'ancrer en vous et la faire rayonner sur la planète, aidant ainsi au réveil de celle-ci et de l'humanité. C'est votre choix depuis l'éternité.

C'est un immense honneur et vous êtes admirés, respectés et aimés pour avoir accepté cette mission exaltante, bien que pas toujours facile. Mais n'oubliez pas que c'est aussi une grande responsabilité. Vous avez choisi d'être des phares pour vos semblables, de leur montrer le chemin, de leur signaler les écueils à éviter.

Il y a encore peu de temps, vos phares de pierre étaient allumés chaque soir par des gardiens, par des êtres humains. Ces hommes n'avaient pas le droit d'oublier leur mission un seul jour, car il y allait de la vie de leurs semblables se trouvant en mer. Ils ne servaient pas directement le Père/Mère/Créateur. Peut-être n'étaient-ils pas tous croyants. Pourtant ils possédaient à un degré très élevé le sens de leur mission, de leurs responsabilités. Vous ne pouvez pas vous montrer moins conscients, moins responsables qu'eux.

Une fois de plus, que ceci ne vous effraie ni ne vous décourage. Vous disposez **tous** de la force requise par le rôle que vous avez choisi. Et, si à un moment ou un autre, vous vous sentez faiblir un peu, assaillis que vous êtes de tous côtés par les contraintes de votre 3e dimension si lourde, vos Maîtres et vos Guides sont là et ne demandent qu'à vous soutenir, à vous nourrir de leur amour. Je sais que je me répète, mais demandez-vous seulement combien de fois, devant faire face à des difficultés, vous pensez à nous appeler.

Je termine ce court message en vous résumant ce qui est attendu d'un Enfant Divin comme vous, face aux défis qui ne manqueront pas sur votre chemin.

- se centrer en son cœur, dans les énergies d'amour inconditionnel et de Fraternité Vraie

- rayonner sur ceux ou ce qui vous met au défi cet amour inconditionnel qui est la seule arme capable de triompher de l'ombre, quelle que soit la forme qu'elle revêt.

Je vous laisse méditer là-dessus et vous offre mon Amour et celui de tous les Maîtres Ascensionnés, en restant toujours à vos côtés.

2 - Qui êtes-vous vraiment ?

Depuis plusieurs millénaires on vous dit que vous êtes de misérables pécheurs, on vous menace de l'enfer, on vous parle d'un Dieu courroucé et vengeur.

On vous a maintenus, l'échine courbée, le regard tourné vers le sol, vous frappant la poitrine et vous avouant indignes. C'était ainsi il n'y a pas encore longtemps. Toutes les religions ont contribué à cette attitude de soumission devant des êtres censés représenter votre dieu (ou vos dieux).

Même ceux qui se sont révoltés et se sont proclamés athées ont subi ces influences, qu'ils se considèrent encore sans valeur ou que par réaction ils montent sur les places les plus hautes qu'ils peuvent atteindre et se vantent de leur incroyance en toute forme de spiritualité.

Ce n'est pas notre propos de faire le procès des uns et des autres. Ils étaient tous aveugles, y compris ceux qui se sont crus assez intelligents pour asservir les plus faibles. Ils ne voyaient pas le chemin qu'ils foulaient, ni les vipères cachées dans l'herbe et prêtes à les piquer, dans un réflexe de défense.

Heureux l'humain qui comprend cette vérité et devient par là capable d'aimer tous ces êtres, même ceux qui ont fait le plus de mal. Car ceux qui sont responsables de la souffrance des autres sont aussi ceux qui ne peuvent pas s'aimer et qui ont le plus besoin de trouver un peu d'amour ou de compassion dans le regard d'un frère ou d'une sœur.

Ce regard pourra allumer dans leur cœur une petite flamme qui les réchauffera et sera peut-être le départ de l'amour de soi, base de tout amour véritable.

Il ne s'agit donc pas de rejeter toutes les religions ou philosophies mais de les transformer, de les harmoniser entre elles et avec les Lois de l'Univers et les Lois de Fraternité.

Ceux qui ne professent aucune religion sont également les bienvenus dans la Nouvelle Spiritualité. Tout ce qu'ils auront à harmoniser sera leur propre Lumière et leur Ombre, les énergies féminines et masculines, et d'autres contraires qui, une fois équilibrés, cesseront d'être contraires pour devenir complémentaires, des facettes d'une même Beauté, d'une même Vérité.

Cela vous semble-t-il compliqué ? Détrompez-vous. De plus en plus d'êtres humains, ni supérieurs ni inférieurs à vous, sont en train de réaliser en eux cette harmonie. Vous les voyez toujours là, dans leurs corps de chair semblables aux vôtres, connaissant les difficultés et les tracas qui vous hantent. Mais si vous regardez bien leurs yeux, vous y verrez la sérénité et la joie.

Si vous étiez déjà tous aptes à lire les auras, vous seriez émerveillés par les couleurs magnifiques de certains de vos frères et sœurs, généralement ceux qui ne font pas de bruit et ne se mettent pas trop en avant au milieu de la foule. Sauf si cela leur est demandé par leur intuition ou par nous.

Les enfants et beaucoup d'animaux voient ces couleurs superbes et sont attirés par ces personnes. Celles-ci n'ont pas besoin de les appeler, de leur sourire, pour les voir venir à elles. Et il vous arrive à tous, lorsque vous êtes décontractés, de ressentir le « charme » de telle ou telle personne, qui n'est pas justifié par sa beauté physique, par sa verve ou par des qualités de communication et de séduction apprises et si appréciées en société. Si vous dites que ces personnes ont un magnétisme personnel, vous n'êtes pas loin de la vérité, car l'aura est réellement votre champ électromagnétique.

Que faut-il faire pour avoir cette belle aura, ce magnétisme puissant ?

Vous connaissez la réponse, car si vous lisez ce livre c'est que vous avez déjà fait un bout de chemin sur la Voie, pas nécessairement celle de la fraternité vraie, mais sur votre propre route.

Car finalement chaque être est unique et son parcours pour arriver jusqu'à son Soi Véritable est unique aussi.

Il y a néanmoins un élément qui est à la base de chaque chemin, puisqu'il est la base de tout dans la Création : l'AMOUR.

Oui, chers enfants, c'est par l'Amour inconditionnel que vous arriverez à connaître votre Soi. Et cette rencontre marquera le début de votre nouvelle vie, de Paix, de Lumière, de Joie, d'Abondance.

Vous découvrirez au fond de votre cœur cet Être de Lumière qui a vécu étouffé, recroquevillé, incapable de s'épanouir. En le nourrissant de votre amour vous lui donnerez aussi l'air et tout ce dont il a besoin pour s'intégrer à vous, pour vous apporter toutes les énergies, toutes les capacités merveilleuses qui sont les siennes, c'est-à-dire, les vôtres, celles de votre pureté originelle.

C'est à cet Être Divin qui vous habite et qui est l'Enfant de Lumière descendu sur la Terre en mission d'amour que nous, vos Frères des Plans Célestes, rendons un hommage sincère et ému.

Nous vous aimons, nous vous honorons, et nous ferons tout ce que nous pourrons pour que la symbiose entre l'humain et le divin se fasse en vous le plus vite et le plus facilement possible.

Et qu'il en soit ainsi.

3 - Le temps des Maîtres

Vous vivez au temps des Maîtres. Que veut dire ceci ?

Il s'agit des Maîtres Ascensionnés qui, depuis que le voile qui vous isolait du reste de l'univers a commencé à s'alléger et à se déchirer déjà par endroits, peuvent enfin se trouver près de vous, à vos côtés, pour vous parler, pour vous apporter amour, encouragement, réconfort.

Mais il s'agit également et surtout de vous, de tous ceux qui se sont un jour éveillés à leur mission sur Terre et ont emprunté ce chemin de progrès et d'élévation qui va se répercuter, mieux, qui est déjà en train de se répercuter sur toute la planète et au-delà.

Nous, les Maîtres sur les Plans Célestes, et vous, qui devenez rapidement des Maîtres en incarnation, créons la trame de cette tapisserie divine qui va être Gaia, la Terre de la 4e et puis de la 5e dimension.

Quelle joie pour nous de vous retrouver tels que vous étiez au moment de descendre pour la première fois dans la densité, bien décidés à en faire un paradis ! Quelle allégresse de pouvoir à nouveau coopérer avec vous, la main dans la main, pour que le Plan Divin pour ce coin de l'univers soit rétabli !

Essayez de vous mettre à notre place. Imaginez que, pendant des siècles et des millénaires, vous cherchiez, du haut d'une grande tour, à avertir un somnambule qu'il marchait au bord d'une falaise et risquait de tomber au fond du gouffre. Vous aviez beau crier, gesticuler, taper des mains, mais l'être endormi ne donnait pas le moindre signe de se réveiller. Faut-il que vous soyez patients pour ne pas avoir baissé les bras, pour espérer et espérer encore, contre toute apparence, que cet être se réveillerait à temps ! Faut-il que votre Père/Mère/Créateur vous aime d'un amour sans limites pour ne perdre jamais patience, pour ne pas cesser de croire en vous !

Et voici que le miracle se produit. Quelques dormeurs se réveillent et se tournent vers la Lumière, de leur propre gré, puisqu'ils ont été créés libres et que même le Créateur ne peut les contraindre à effectuer le moindre geste qu'ils ne voudront pas faire.

Comprenez-vous à présent notre bonheur ? Comprenez-vous pourquoi tant d'Êtres de ce côté du voile vous contemplent avec autant de respect et d'admiration ? Pourquoi nous sommes émus jusqu'aux larmes face à vos efforts (et à vos succès) pour ancrer la Lumière Divine sur cette planète martyre ?

Des flots chaque jour plus puissants de cette Lumière/Énergie/Amour se déversent depuis quelque temps déjà sur la Terre, en croissance accélérée, car vous êtes là pour les amarrer au sol, pour les ancrer dans vos cœurs et de là les rayonner autour de vous, très loin, là où ils sont le plus nécessaires.

Ainsi vous devenez des Maîtres à un rythme rapide et vous entraînez dans votre sillage tous ceux qui ont le privilège de vous croiser.

Le temps des Maîtres est donc **votre temps** davantage que le nôtre. Et pour cela nous sommes à vos côtés, prêts à vous servir, au moindre geste, au moindre appel, en attendant de célébrer par une fête comme vous n'en avez jamais vue votre retour au Foyer.

4 - Vos priorités

Quand nous vous parlons de votre mission, vous pensez tout de suite à ce qu'il faut faire, car vous avez été élevés dans la conviction que seul le « faire » a de l'importance.

Pourtant, entre FAIRE - AVOIR - ÊTRE, dans les Nouvelles Énergies, c'est ce dernier le plus important. Il est le seul qui ne disparaît pas, le seul que vous emporterez avec vous dans n'importe quelle dimension, sur n'importe quel plan où vous irez.

Sur votre plan, et en mettant de côté ceux qui ne pensent qu'à avoir, à amasser des richesses matérielles en soumettant les plus faibles, qui semblent très puissants mais ne sont pas si nombreux, on vous a appris depuis des millénaires qu'il fallait « faire », travailler beaucoup, courir tout le temps du bureau, de l'usine ou du chantier vers la maison et vice-versa.

Cela s'est accentué au point que, de nos jours, la plupart des êtres ont une vie inhumaine. Ils sont esclaves et ne s'en aperçoivent pas. Ou bien ils s'en rendent compte mais ignorent comment sortir de ce cercle infernal.

Je connais des hommes et des femmes qui, lorsqu'ils se trouvent inactifs pendant quelques instants, éprouvent une inquiétude, voire une sorte de remords, comme s'ils n'en avaient pas le droit.

Nous ne vous conseillons pas de quitter votre travail

sur un coup de tête, de laisser votre famille mourir de faim, de rompre vos engagements. Mais, de grâce, changez vos priorités, si vous comprenez, si votre cœur vous dit que, dans la trilogie ci-dessus, c'est ÊTRE le plus important.

Voyez-vous, l'AVOIR est le plus aléatoire. Il n'est même pas sûr qu'en quittant cette Terre vous le laisserez à vos proches. N'oubliez pas que vous vivez sur une planète en mutation.

Quant au FAIRE, il n'a d'importance que dans la mesure où il se compose d'expériences qui s'intégreront à votre Être et l'enrichiront. Surtout si vous savez tirer les leçons de chacune de ces expériences.

Faites donc ce que vous avez envie de faire, ce que votre Soi profond vous conseille. Honorez vos engagements humains. Guérissez si vous vous sentez guérisseurs, que ce soit des corps physiques ou des corps subtils. Apportez la bonne nouvelle de l'Ascension de la Terre et de l'Humanité au plus grand nombre, si vous êtes convaincus que telle est votre mission. Éclairez ceux qui sont dans l'ombre et l'incertitude. Occupez-vous d'enfants, de sinistrés, d'égarés ou de toute sorte d'êtres affaiblis et fragilisés, si cela vous donne satisfaction. Vous serez bénis pour cela.

Pourtant, n'oubliez jamais que ce qui compte avant tout est ce que vous ÊTES dans votre âme et dans votre cœur. Et que, même si vous ne pratiquez aucune action d'éclat, vous pouvez rayonner votre Lumière sur toute la Terre et plus loin encore, et vous serez également bénis.

Ce message, je l'avais donné à un canal il y a quelques mois déjà. Mais ce canal, étant relié aux Maîtres, s'entretenant avec nous depuis peu de temps, n'a pas osé le présenter à son groupe sous mon nom, pris par une de ces considérations inhérentes à votre 3e dimension : que seuls les plus anciens (?) auraient le droit de transmettre les messages des Êtres de Lumière. Alors il le passa à ses proches sous son propre nom.

Ceci aurait pu être pris pour de l'orgueil par quelqu'un situé sur le même plan que le canal. Cependant nous, sur notre plan, avons bien compris ses doutes et ses scrupules. Il ne s'agissait pas de se faire passer pour un sage, mais bien de ne pas attribuer à un Maître des propos qui pourraient, tout compte fait, venir de lui-même. Notre avantage dans ces cas est de voir les êtres tels qu'ils sont et non point tels que les jugent leurs semblables.

Et voilà que ceci nous conduit à ouvrir une parenthèse destinée à ceux qui nous canalisent, surtout aux timides et aux néophytes. Le fait que nous ne fassions pas dire à un canal la moindre phrase avec laquelle son soi profond ne soit pas entièrement d'accord les porte souvent à croire qu'ils ne canalisent qu'eux-mêmes.

Qu'ils se rassurent. Avec un peu de pratique, ils apprendront à reconnaître nos énergies et jusqu'à savoir d'emblée quel Maître ou Être de Lumière les sollicite. Et s'il leur arrive de canaliser « seulement » leur soi supérieur, n'est-ce pas déjà merveilleux ? N'est-il pas, cet Être de Lumière qui les habite, un sage et un ange ?

Le canal en question a fait du chemin depuis. Il a accepté de« désapprendre » la plupart de ses préjugés. Et comme « punition » pour cet excès d'humilité, il se voit aujourd'hui invité à rendre l'incident public, sans rien omettre. C'est ainsi que nous nous vengeons, nous, sur les Plans Célestes, en vous rendant votre estime de vous-mêmes.

J'avais dit à celle qui rédige ces lignes que le chemin qu'elle a mis 50 ans à parcourir, d'autres pourront maintenant le franchir en 5 ans, ou en 5 mois, peut-être en 5 jours, s'ils sont vraiment prêts.

Elle avait compris à l'époque que je parlais des énergies cosmiques qui descendent sur la Terre à un rythme de plus en plus rapide.

Plus tard, après réflexion, sa compréhension élevée à un autre niveau, elle saisit encore un deuxième sens à mes paroles. Car je voulais dire aussi que ceux qui se sont déjà éveillés ou s'éveillent en ce moment, de toute façon ceux qui s'intéressent à des œuvres comme celle-ci, sont des pionniers. Ils se sont enfoncés en pays inconnu, sur des terres semées d'embûches, afin d'ouvrir des routes, de jeter des ponts pour ceux qui vont suivre. Ils sont encore en train de déblayer, de construire pour que tous les autres humains puissent avancer vite et sans trop de peine. Et pour cela nous les appelons Artisans ou Travailleurs de la Lumière, parfois même Guerriers de la Lumière, bien que leur seule arme, leur épée, soit faite d'amour.

Ne vous inquiétez pas si votre place dans la société humaine est effacée. L'important est que vous exécutiez les tâches qui vous sont dévolues, même les plus humbles, dans l'amour.

Si vous balayez les rues, dites-vous qu'en le faisant en conscience, en sachant que vous contribuez ainsi à la propreté de votre ville ou de votre village, au bien-être et à la santé des citoyens, vous réalisez une œuvre de Lumière et vous êtes respectés et aimés.

Vous faites partie de ce groupe venu au monde pour guider les autres, sans tapage, sans haranguer les foules, en étant simplement Lumière et en rayonnant cette Lumière autour de vous, en offrant ce que vous êtes au collectif de l'humanité.

C'est cela qui vous rend aussi précieux aux yeux des Maîtres. Pas que vous soyez supérieurs au reste des humains. Non. Tout être est l'Enfant Divin et prendra un jour ou l'autre le chemin du retour vers son vrai Foyer.

Cependant, vous avez accepté cette mission, ce travail d'Amour que vous seuls pouvez réaliser. Vous êtes les relais du Ciel auprès de vos frères et sœurs. Vous êtes nos relais, et à travers vous nous pouvons œuvrer, ce qui n'était pas le cas il y a seulement une centaine d'années de votre temps.

Peu importe dans quelle enveloppe charnelle vous vous trouvez. Peu importe que votre entourage, ou même le monde entier, ne vous comprenne pas et ne vous aime pas. Les êtres n'aiment pas souvent ce qu'ils ne peuvent pas comprendre. L'univers tout entier vous aime, vous admire et vous respecte. N'est-ce pas suffisant ? Que demander de plus ?

J'espère que, dorénavant, vous vous aimerez davantage, vous rendrez grâce chaque jour à ce que vous êtes, à toutes les épreuves et soi-disant échecs de votre vie, de vos vies, puisque tout cela vous a conduits à ce moment où vous commencez à remplir votre mission.

Vous êtes des Êtres de Lumière enfermés dans un petit corps physique. Vous vous êtes ainsi limités par amour pour votre Père/Mère/Créateur, pour le Monde Divin, pour l'Humanité et pour la Terre.

Je m'incline, et tous les Maîtres Ascensionnés avec moi, devant l'Être grandiose qui vit en vous, qui EST vous.

5 - La peur

Il y a peu de temps, quelqu'un me disait : « La peur et l'amour ne peuvent pas cohabiter. Mon cœur est trop plein d'amour pour abriter la peur. »

J'aimerais, si vous le voulez bien, que vous méditiez sur cette phrase jusqu'à la faire vôtre et la graver en vos cœurs. Pas dans votre mental, mais bien au fond de votre cœur, où elle sera comme un viatique aux moments les plus difficiles de votre chemin.

Car celui qui est débordant d'amour peut rester calme et confiant même si le monde s'écroule autour de lui. Réfugié dans cette énergie d'amour, bien ancré en lui-même, sûr de la protection qui l'entoure, il peut paraître inconscient des dangers, mais il ne l'est pas. Simplement, il SAIT que rien ne lui arrivera.

Les milices célestes, ou les flottes galactiques, si vous préférez un langage plus actuel, veillent sur cette planète depuis très longtemps et surtout en cette époque de transition. Elles vous ont épargnés des désastres terribles, à votre insu, et si elles ont été impuissantes pour vous protéger de vous-mêmes, c'est le revers de la médaille de votre liberté, de votre libre arbitre. Pourtant aujourd'hui les choses ont changé. Vous êtes assez nombreux à avoir demandé que la Lumière Divine revienne sur la Terre et votre Père vous a écoutés.

Chaque Travailleur de la Lumière, chacun de vous, est sur les listes des êtres à sauver en priorité en cas de conflit grave, déclenché par des êtres qui ne veulent pas sortir de l'obscurité.

Ce n'est que justice. Souvenez-vous que vous êtes venus ici comme volontaires, pour réveiller vos frères et sœurs endormis. Votre karma était soldé ou presque, et votre dévouement au Père/Mère/Créateur de Tout, à l'Humanité et à la Terre, a effacé le peu qui restait. Dans ces circonstances, il est normal que vous soyez les plus précieux et donc les premiers à secourir.

Ceci ne veut pas dire que le Ciel abandonnera les autres humains. La flotte dispose d'assez de vaisseaux pour accueillir tous les êtres humains, sauf ceux qui ne voudront pas être sauvés, incapables de sortir de leurs systèmes de fausses valeurs. Et vous savez que nous ne pouvons rien leur imposer, en raison de leur libre arbitre.

Ces derniers iront donc continuer à jouer aux guerres, aux tueries, aux luttes pour le pouvoir et la richesse, ailleurs dans l'univers. Et un jour, peut-être dans 2.000 ans de votre temps, ils seront mûrs à leur tour pour appeler la Lumière Divine.

Sachez donc que la Flotte connaît vos noms et adresses, même si vous déménagez ; que les vaisseaux du Commandant Ashtar Shéran vous trouveront, où que vous soyez, fut-ce au fond d'une grotte sous la mer.

Et ceci n'est pas de la science-fiction. Plutôt le contraire. Votre science-fiction s'est parfois inspirée de la vérité, même si la plupart du temps elle crée des fantaisies destinées à vous maintenir dans la crainte.

Vos seuls ennemis, les seuls qui peuvent vraiment vous nuire, ce sont vos peurs et vos doutes. Et ceux-ci ne s'empareront jamais de vous si votre cœur déborde d'amour.

Ces précisions sont nécessaires face aux bruits qui courent et que, malheureusement, vous écoutez souvent. Vous n'êtes pas assez prudents, mes enfants. En dépit de nos mises en garde, vous êtes encore trop fascinés, trop hypnotisés par vos médias et leurs scénarios catastrophe, généralement conçus exprès pour vous insuffler la crainte qui vous maintiendra sous l'emprise de leurs patrons.

Vos Frères de Lumière sont à votre disposition pour vous instruire, vous renseigner, vous encourager, vous sustenter. Malgré cela, vous cherchez des informations dans des livres qui ne portent pas toujours le sceau des Maîtres ou des Êtres Angéliques, et sur votre dernier jouet, cet Internet qui est le véhicule le plus dangereux de votre monde, où circulent de belles choses, des données utiles, mais aussi les pires poisons pour vos âmes. On y trouve le vrai, le faux, mais le pire de tout est un mélange sournois de vrai et de faux, destiné à créer la confusion dans vos esprits.

Si au moins vous suiviez les sages conseils que vous a laissés votre Maître Jésus, lorsqu'Il a dit : « Les arbres se reconnaissent à leurs fruits ! »

Ceci était une bonne clé pour vous permettre de trier le vrai du faux. Quels fruits, mes enfants, font pousser en vous certaines soit-disant informations ? La vanité d'en savoir plus que les autres, de connaître davantage ce qui va se passer l'année prochaine ou encore dans les huit ans à venir ? Le sentiment de supériorité que vous confère l'idée d'être, comme vous dites, *dans le secret des dieux ?*

Désolé de vous décevoir. Personne, même pas les Maîtres et les Archanges ne peuvent prédire avec certitude ce qui va avoir lieu, car il s'agit d'un processus nouveau pour lequel nous n'avons pas de références.

Plus important encore, personne ne connaît d'avance les émotions et réactions que vont expérimenter les êtres humains de la Terre confrontés à ces événements nouveaux.

Donc, ceux qui vous préviennent qu'il va arriver ceci ou cela ne sont pas tous forcément vos amis.

On peut, certes, faire quelques prévisions, étant donné que certaines probabilités sont déjà plausibles, telle l'Ascension de la Terre et d'une partie de l'humanité. Partie qui, nous l'espérons, ira en grandissant à un rythme exponentiel au cours des prochaines années. Mais comment se fera cette Ascension est encore dans le domaine des hypothèses.

Si cela vous rassure, je vous dirai que, jusqu'à présent, cela se passe mieux que ne le prévoyaient certaines prophéties pessimistes (je ne parle pas de celles émises au cours des siècles passés, mais d'autres plus récentes).

Les secousses telluriques, bien que traumatisantes pour ceux qui les subissent, ne sont pas très étendues. Les inondations et les feux n'atteignent pas des proportions extrêmes et les vents violents sont localisés. Seuls les actes des êtres de l'ombre restent imprévisibles. Contre ceux-ci nous prenons toutes les mesures possibles. Et vous serez informés par l'un ou l'autre de nous sur les choses que vous devez savoir. Pour le reste, faites-nous confiance.

Bien sûr, nous pensons aux victimes vers lesquelles vont notre amour et compassion. Ceux qui périssent sont accueillis par les Maîtres et les Anges avec toute la douceur dont ils ont besoin. Ils sont réconfortés et retrouvent vite, à nos côtés, paix et bonheur.

Quant à ceux qui survivent en ayant perdu tout ou la plupart de leurs biens matériels, ils ont tout notre amour, notre compassion, nos encouragements. Nous aimerions que ces leçons amères les invitent à reconnaître la fragilité des choses et à se tourner davantage vers leur seul trésor inaliénable : leur âme immortelle, divine. Seront-ils prêts à le comprendre ?

Je termine ici ce message, en souhaitant que la peur soit éloignée de vous, et que l'amour, la paix, la joie prennent sa place.

Mon Amour et celui des Maîtres sont avec vous pour toujours.

6 - L'ILLUSION DE LA PUISSANCE

Nous avons beau vous dire et vous répéter, mes enfants, que le pouvoir sans l'amour conduit, à longue ou brève échéance, celui qui en jouit au fond de l'abîme.

Ce que vous voyez autour de vous, et surtout ce que vous annoncent vos médias, hélas ! souvent corrompus, est tout le contraire. Des guerres insensées, sans motif qui les justifie, des actes de terrorisme et de représailles sanglants, comme si les États en conflit jouaient à un jeu dont le plus cruel, le plus brutal deviendrait le vainqueur. Dussent-ils y laisser la moitié de leurs populations innocentes. Des attentats qui ne tuent souvent que des femmes, des enfants, des vieillards désarmés. Les religions prises comme prétexte pour tuer ceux qui ne se soumettent pas à des lois et des coutumes désuètes... Pourquoi continuer ? Vous ne connaissez que trop bien la liste des horreurs qui sont commises dans le monde, souvent même près de chez vous. On vous en abreuve tous les jours, au nom du sacro-saint droit de savoir.

Et pour vous changer de ce régime insupportable, on vous invite à regarder des films-catastrophe, où la mort violente n'épargne que le héros, un superman fait d'autre chose que la chair et les os des simples humains normaux. Très distrayant !

Et vous continuez à nourrir vos âmes de ces choses monstrueuses, incapables que vous êtes de réagir, de crier : « Assez ! », une bonne fois.

A côté de ces réalités et fictions généralement surfaites, il existe pourtant d'autres événements que l'on ne vous montre pas, ou pas assez.

Dans toute l'histoire de cette planète il n'y a jamais eu autant d'êtres dévoués et solidaires de toutes les victimes de malheurs divers, qu'ils soient dus à la révolte de la Terre contre la folie des hommes ou à la folie des hommes détruisant la Terre.

Sans compter les pompiers et les secouristes devenus de bons samaritains internationaux et souvent intercontinentaux, combien de particuliers, d'associations non gouvernementales se mobilisent pour assister ceux qui sont dans la tourmente !

Que de gestes de solidarité, non seulement envers des amis, des voisins, mais aussi envers des inconnus que l'on n'a jamais croisés et que probablement on ne verra jamais !

Et les prises de conscience se font dans tous les domaines, depuis le refus de la poursuite de la dégradation de la planète jusqu'au refus des guerres qui prennent comme prétexte des faits non-avérés, pour aller apporter aux peuples innocents la mort et la ruine.

Là aussi, jamais autant de citoyens à travers le monde, y compris des nations entières, n'avaient osé dire « Non ! » à cette nouvelle guerre de purs intérêts matériels, qui d'ailleurs n'a trompé personne. Et si les gouvernements de certains pays se sont associés aux agresseurs, pour sauvegarder de misérables bénéfices financiers, leurs peuples, eux, ne s'y sont jamais ralliés et l'ont crié haut et fort.

Ces manifestations, mes enfants, ne sont que le sommet de l'iceberg qui émerge de l'eau, l'iceberg des consciences qui s'éveillent. La masse de celui-ci se trouve immergée pour le moment.

Pourrez-vous me croire si je vous dis que ceux qui s'imaginent posséder cette planète vivent leurs derniers moments de tyrannie ?

Ce n'est pas que nous souhaitions leur perte. Nous aurions préféré de loin qu'ils reconnaissent leurs torts et changent de comportement. Et nous leur en donnerons l'opportunité. Ceux qui seront assez lucides pour se ranger du côté de leurs victimes seront pardonnés. Ils pourront se racheter par des actes d'amour et de justice. Il leur sera permis de partager leurs immenses richesses avec tous ceux qui en auront besoin, de rendre à l'humanité ce qu'ils lui ont volé, ce qu'ils ont volé à la Terre.

Les autres seront jugés par un tribunal céleste et conduits là où ils pourront continuer leur apprentissage de la sagesse et de la compassion. Pourtant, le plus terrible pour eux ne sera pas la condamnation proférée par un tribunal, fut-il galactique. Le plus difficile à subir sera la condamnation de leur âme, de l'Être Divin qu'ils portent en eux, comme tout un chacun.

Soyez confiants. Votre heure approche. Et souvenez-vous que vous ne serez pas seuls. Dans cette lutte finale le Ciel est avec vous, les flottes galactiques vous protègent et vos Frères de Lumière vous assisteront, vous assistent déjà, bien que pour l'instant invisibles.

Il y a 12 000 ans, une poignée de fous bourrés d'orgueil se sont crus capables de créer un univers sans amour, loin de la Volonté Divine et de Ses lois. Vous qui me lisez étiez probablement parmi les victimes du désastre qui a failli détruire cette planète.

Aujourd'hui c'est le temps de votre victoire. Pas de

votre vengeance, car vous avez depuis pas mal de temps dépassé le désir de vous venger. Ce sera bien une victoire, mais celle de l'amour sur la haine et la peur.

Quand vous aurez enfin compris que, unis, vous avez bien plus de pouvoir que ces êtres de l'ombre qui vous maintiennent tous en otages, quand vous aurez décidé de prendre en main le destin de l'humanité, celui auquel aspirent tous les êtres en leur soi profond, alors les renforts viendront vers vous de toute part, même d'où vous ne les attendez sans doute pas.

La route n'est plus très longue. Soyez prêts.

Et il en sera ainsi.

7 - Où est le paradis

A ce stade, je crois utile et approprié de vous raconter une histoire. C'est une histoire vraie, car la réalité est trop riche pour que la nécessité d'inventer se fasse sentir. Sans compter que beaucoup de choses que vous croyez sincèrement créer sont en vérité de très vieux souvenirs, enfouis dans votre mémoire ancestrale, qui font surface, par bribes, tout en gardant un certain flou.

Ce n'est pas une histoire gaie. Cependant, je vous crois assez forts à présent pour faire face à des événements durs, surtout s'il ne s'agit pas de vous déprimer mais bien de vous épauler dans des missions parfois épineuses.

Ils étaient une dizaine d'adolescents, il y a déjà quelques bonnes années de votre temps. Mais ils auraient pu être là, aujourd'hui, dans votre ville et même parmi vos voisins. Car leur histoire est, malheureusement, toujours d'actualité.

Comme tant d'autres êtres confrontés aux problèmes de la puberté, ils traversaient des moments difficiles. Certains étaient issus de familles monoparentales, de foyers en déséquilibre. Certains ne pouvaient pas communiquer avec des parents trop sévères, ou trop distants, trop occupés pour leur prêter attention. Alors ils se serraient les coudes entre eux, partageant leurs désillusions, leur frustration devant un monde qui ne leur apportait rien de bon. Leur phrase favorite était : *There is no future* (Il n'y a pas d'avenir). Phrase importée avec les pratiques que les plus de quarante ans connaissent bien.

Dans les collèges ils apprenaient des tas de choses qui, en leur opinion, ne leur serviraient jamais. Alors ils s'en désintéressaient. Ceci était logique, d'une certaine façon. Pourquoi étudier quand on pense que l'on n'a pas d'avenir ?

Et le moment arriva où ils se sont trouvés prêts pour n'importe quelle folie ou acte désespéré. Ils auraient pu se suicider, comme certains l'ont fait, ou devenir des criminels, des voleurs, des assassins.

La rencontre d'un « grand », un garçon, leur aîné de quatre ou cinq ans, allait décider de leur sort.

Voyez-vous, c'est flatteur pour un groupe de jeunes entre 13 et 15 ans, livrés à eux-mêmes la plupart du temps, d'attirer l'attention de quelqu'un qu'ils considèrent comme un adulte.

Celui-ci (appelons-le Gilles) leur expliqua que l'école était une prison, conçue pour les piéger et les obliger à entrer dans les rangs, à mener la même existence sans joie de leurs parents, laquelle se résumait au *slogan :*

« Metro-boulot-dodo. »

Il leur dit qu'ils pouvaient choisir une autre vie, de liberté, qu'ils pouvaient atteindre une autre réalité, plus belle, plus heureuse, rien qu'en consommant quelques grammes d'une herbe ou d'une poudre. « Cela vous permettra de faire des trips (voyages) extraordinaires, d'échapper à la triste monotonie de cette ville pourrie. »

Le plus jeune, Laurent, s'insurgea. Il avait compris qu'il s'agissait de drogues et trouvait cela mauvais. Son père l'avait mis en garde contre ces produits, maladroitement il est vrai, car les enjeux réels lui échappaient.

Gilles riposta que le père en question, comme tous les autres parents, n'avait qu'une envie : celle de voir son fils endosser le harnais et tirer avec lui le lourd chariot familial. Qu'il ne voulait pas que son fils soit libre ou heureux. Et il ajouta que les américains avaient découvert ces produits,utilisés depuis très longtemps par les chamans indiens, de vrais sorciers qui savaient appeler la pluie et communiquer avec les animaux.

Le jeune Paul, que l'on surnommait l'OVNI depuis qu'il s'intéressait particulièrement aux phénomènes spatiaux, si décriés à l'époque, annonça à son tour qu'il ne voyait pas l'intérêt d'appeler la pluie qui, à son avis, ne faisait que de la gadoue dans le quartier, et qu'il s'entendait bien avec son chien sans avoir recours à des « cochonneries ».

Mais Gilles avait l'avantage de ses 4 ans de plus que l'aîné des autres et comptait bien en tirer profit. Il leur expliqua que le plus important n'était pas cela, mais que c'étaient les endroits étranges et fantastiques où ils allaient pendant les « trips ». Il finit par dire qu'il y avait même des gens qui composaient de la musique à ces moments-là, sans jamais l'avoir apprise.

Avec cet argument de poids il l'emporta définitivement. Une dizaine d'adolescents sans histoire prit un ticket pour le « paradis. »

Bien entendu, personne ne leur signala que ce paradis était, en vérité, le seuil de l'enfer, un enfer d'où ils seraient bientôt incapables de sortir car il s'installerait à l'intérieur de leur tête et de leur cœur, le corps émotionnel étant le plus atteint par ce type de forces.

Les plus chanceux furent deux d'entre eux qui éprouvèrent des maux de tête et des nausées à leur toute première expérience, et donc en restèrent là. Le reste du groupe, ceux qui eurent quelques belles visions pour mieux se faire prendre et ceux qui eurent cherché une fois et une autre à les expérimenter, ne se releva plus.

A treize ans, Laurent, par exemple, commença à chercher le paradis. A quinze il était déjà devenu un autre, menteur, voleur, *dealer* pour pouvoir se payer sa dose. Et à vingt ans il n'y avait plus de Laurent ; juste une loque qui marchait dans les rues de la ville, à moitié inconsciente, ne se réveillant que pour chercher les moyens de nourrir son terrible besoin.

Ils n'ont pas tous sombré pour de bon. Un d'entre eux a décroché assez tôt, après quelques six ou sept ans d'enfer. Il a mené une existence marginale, se battant jour et nuit avec ses fantômes, et petit à petit a réussi à regagner son propre respect, à travailler, à relever la tête. Il n'est pas encore entièrement guéri, mais il se remettra.

Il a eu, tout au long de son calvaire, une mère aimante et dotée d'une large dose de bon sens, qui était toujours là pour lui mais ne le harcelait pas, ne faisait jamais peser sur lui son inquiétude ; un de ces êtres qui ne désespèrent jamais et à qui l'amour donne une endurance presque surhumaine.

Les autres finiront par décrocher aussi, mais peut-être leur faudra-t-il une ou deux vies de maladie et de handicap pour apprendre à respecter leur corps, l'outil le plus précieux qui leur a été donné. Et je vous rappelle que ce ne sera pas le Ciel qui leur donnera ces vies-là mais eux-mêmes qui les choisiront, dans la sagesse de leurs âmes.

Les familles, à l'époque, ne se rendaient compte de la situation que lorsqu'il était trop tard. En la découvrant, elles se trouvaient désemparées et incapables d'arracher leurs enfants à leur triste condition. Sont-elles plus armées, plus efficaces aujourd'hui ?

Ce n'est pas sûr. Qui dit aux enfants que tout le bonheur auquel ils aspirent est au fond de leurs cœurs, qu'ils n'ont pas besoin de « paradis » artificiels ? Qui leur dit qu'ils sont des Enfants Divins sur le chemin de retour au Foyer ? Qui leur dit qu'ils sont aimés, chéris du Ciel, y compris lorsque sur Terre personne ne les aime, et qu'ils ont des amis dans ces autres réalités qu'ils veulent atteindre et auxquelles ils auront accès simplement par l'amour et la confiance ? Qui leur dit que la vie peut être belle, que la joie existe, que la paix sera créée pour eux s'ils le décident et se mettent à œuvrer avec les êtres de paix dans ce monde ?

Qui leur dit que les produits frelatés qu'ils achètent très chers n'ont rien à voir avec les herbes sacrées des chamans, et que celles-ci n'étaient consommées qu'au cours de certaines cérémonies, avec beaucoup de respect et en doses infimes ?

Qui leur donne l'exemple d'une âme en paix, dans l'amour, la joie, la lumière, sans recours à aucun artifice ? Qui leur dit qu'un monde de beauté et d'harmonie est en train d'être façonné pour eux et qu'ils n'ont qu'à le vouloir et contribuer à sa création par leurs propres capacités, aussi limitées que celles-ci puissent leur sembler ?

Dites-le leur, vous, chers enfants, car ils vous écouteront peut-être. Dites-le leur le plus tôt possible, avant qu'ils ne rencontrent un Gilles sur leur chemin, car après ce sera sans doute trop tard. Et surtout soyez des exemples vivants pour eux, par votre amour, votre paix, votre lumière et la joie qui est dans vos cœurs. Et soyez mille fois bénis pour vos efforts dans le sens de sauver la jeunesse de cette planète, de lui épargner des siècles supplémentaires de souffrance.

Et il en sera ainsi.

8 - Enfants et Adultes

Je pourrais nommer ce message « Enfants ou Adultes ? », car pour nous, de derrière le voile, vous êtes tous encore des petits enfants. Néanmoins, vous, qui vous éveillez, commencez à assumer vos responsabilités... Et une de ces responsabilités consiste à protéger et guider les plus jeunes, les âmes qui arrivent sur Terre en ce moment et vont arriver en très grand nombre dans les prochains temps, venues souvent des plans les plus élevés. Elles sont attirées par la tâche magnifique de contribuer à la mutation, à la transformation d'une planète toute entière.

Il y a toujours eu quelques enfants que vous appelez « surdoués », des âmes courageuses venues dans la densité pour y introduire un peu d'espoir et de lumière. Pas seulement les Maîtres Ascensionnés que vous connaissez plus ou moins bien, mais bien d'autres : des poètes, des prophètes, des mathématiciens, des alchimistes... venus dans une société incapable de les comprendre, de les soutenir ou simplement de les respecter. Leur grande sensibilité a souffert de graves traumatismes et ils sont parfois devenus caractériels, portés à toute sorte d'excès et même des fous et des criminels, lorsqu'on les a laissés en vie assez longtemps pour cela.

Un regard sur ces génies qui ont hurlé au monde indifférent leur peine et leur désespoir vous laisse remplis d'une immense compassion, pour peu que vous ayez du cœur.

Mais le passé est le passé et l'œuvre de chacun s'est accomplie, dans la joie parfois, mais le plus souvent dans la douleur. Ce qui importe en ce moment est de savoir si la société où vous vivez est aujourd'hui mieux préparée à aimer, à accepter ces êtres exceptionnels. Les parents et les enseignants peuvent-ils, de nos jours, avoir ce regard prêt à accepter la différence ? A admettre qu'un enfant puisse leur apprendre quelque chose ?

Il est vrai que l'on ne brûle plus les hérétiques ni les sorciers. Cependant, il y a d'autres moyens de les museler, de les rejeter, de les bannir. Il y a le ridicule, la calomnie, les racontars qui sont la plus mortelle des armes, parce qu'ils vous poignardent dans le dos et à votre insu. Mais vous connaissez tout cela et il est malsain de le ressasser.

Vous avez, bien sûr, fait de gros efforts dans le sens de ne pas rejeter ceux qui ont, par exemple, une autre couleur de peau. Là encore il y a beaucoup à faire, mais la démarche est amorcée et il s'agit de tenir fermement le cap.

Pourtant, dès qu'il s'agit de religion, de manière de vivre, de politique, la tolérance s'évanouit comme par magie. Tous les êtres exigent d'être respectés et acceptés, mais peu sont disposés à suivre ces mêmes règles par rapport à l'autre, celui à qui on attribue les pires intentions. Contradictions flagrantes de l'être humain et de son ancrage dans la densité terrestre !

Je sais que ces informations vous ont été présentées plusieurs fois par tous vos Frères de Lumière, mais tant que vos manières dans ce domaine n'auront pas décrit un angle de 180°, nous serons contraints de les répéter et de les répéter encore.

Demandez, par exemple, à un homme ou une femme parmi ceux qui font de la critique de café (ce n'est pas un blâme mais une constatation) ce qu'il ou elle pense d'une équipe de football opposée. Vous assisterez souvent à des procès d'intention, de la mauvaise foi, de l'intolérance qui défileront sous vos yeux ébahis, en toute candeur. On minimisera tout ce que l'autre camp a fait ou veut faire de bon et on l'accablera de tous les défauts, de tous les torts.

Ces hommes et ces femmes qui vous semblaient pourtant sensés prennent un ton passionné et n'hésitent pas à commettre des injustices rien que pour « fustiger » l'adversaire.

Et si vous leur faites remarquer, timidement, que ces autres n'ont pas que des défauts, qu'ils ont gagné des parties difficiles et prouvé leur valeur en des jeux où ils se sont opposés aux vôtres, ils vous répondront avec la même candeur (ou inconscience ?) : « Oh, vous comprenez, quant on est des adversaires, on doit minimiser tout ce que font les autres. »

Donc, le rôle de l'opposant serait, selon eux, de s'opposer systématiquement, y compris à ce qui est proposé pour le bien d'une ville, d'un pays ou d'un continent.

Et il en va de même dans quelques autres domaines qui excitent les passions.

Nous ne cherchons pas à donner mauvaise conscience à qui que ce soit, mais seulement à vous faire comprendre tout le travail qu'il y aura à réaliser pour calmer les passions et amener les peuples à plus d'amour. Car tout ceci n'est que manque d'amour.

Ne vous affolez néanmoins pas. Un cœur plein de cet amour inconditionnel peut, à lui seul, en se servant de quelques clés simples, dans le non-faire, donc sans agir sur le plan matériel, changer un nombre incalculable d'autres êtres. Il peut les aider, les transformer en quelque chose qui est déjà en eux : en leur Soi divin.

Usez et abusez de cette arme, mes chers enfants, en silence, en apportant à tous les êtres qui vous sont proches et à ceux qui croisent votre chemin cet amour, cet amour divin.

Si vous le faites, si vous essayez simplement une fois puis une autre jusqu'à réussir, je vous promets que ce monde merveilleux dont vous rêvez, pour vous, pour la jeunesse et pour toute l'humanité ne sera pas loin, ni dans l'espace, ni dans le temps.

9 – Une nouvelle phase

Nous entrons maintenant dans une nouvelle phase de nos enseignements. Elle sera pour certains d'entre vous la dernière, car plus vous intégrez en vous votre divinité, plus vous vous unissez à l'Enfant Divin qui est en vous et absorbez toutes ses qualités, moins vous avez besoin d'enseignements.

Des clés vous seront données pour réussir cette phase, mais n'oubliez pas que ces clés ne sont pas automatiques, qu'il faut quand même faire l'effort de les introduire dans les serrures correspondantes et les tourner. Certaines sont un peu rouillées, mais toutes finiront par se soumettre à votre détermination.

Et si vous ne comprenez pas toujours ce qui vous est dit, réjouissez-vous, car ce n'est pas avec votre intellect que vous devez le comprendre, mais avec votre cœur. C'est au fond de vous-mêmes que vous trouverez la lumière pour éclairer ces clés et leur mode d'emploi.

Vous vous demandez pourquoi nous ne sommes pas plus explicites, pourquoi nous avons l'air de vous mettre face à des mystères. Ce n'est pas, chers enfants, pour vous agacer. Vous devez vous en douter.

Simplement, les choses de l'esprit n'ont pas la même signification pour tous. Elles sont intimement reliées à la mission et au chemin de chacun de vous, et il est utile (je dirai même indispensable) que chacun trouve en lui ce qu'elles représentent pour lui-même, pour son avancée personnelle. Souvenez-vous que, si vous êtes tous UN, vous n'en êtes pas moins tous différents.

Ainsi donc, c'est avec votre cœur grand ouvert, en respirant profondément et en conscience, sachant que par votre inspiration vous vous reliez aux Plans Célestes et par l'expiration au noyau de votre Terre, que vous devez vous mettre en état de recevoir le message qui, à travers les mêmes mots, est différent pour chacun.

Ceux qui n'ont pas conscience d'avoir fait un long parcours initiatique ne doivent pas craindre de « prendre le train en marche », comme vous dites, puisque le chemin que l'on faisait autrefois tout au long d'une vie et même de plusieurs vies d'efforts acharnés, devient de plus en plus facile et rapide à transposer. Et aussi parce que des vies et des vies vous ont préparés à ce moment.

Certains de vos aînés ont encore mis la moitié de leur vie à arriver là où ils se trouvent à présent, tandis que d'autres, propulsés par les énergies nouvelles et de plus en plus puissantes qui se déversent sur cette planète, pourront tout assimiler, tout intégrer, en un temps qui varie entre quelques mois et quelques jours, selon le degré de confiance, persistance et surtout d'amour qu'ils y mettront.

C'est un peu comme vos moyens de transport. Il y a à peine un siècle de votre temps, pour aller d'une ville à une autre, c'était toute une expédition. Cela prenait des jours ou des semaines, il fallait apporter de la nourriture et de l'avoine pour les chevaux, de l'eau, des matelas et des tentes, des couvertures pour la nuit.

Aujourd'hui vous prenez tranquillement l'avion à Paris, avec juste une petite valise de vêtements, et vous êtes à Tokyo en quelques heures. A condition, bien sûr, d'avoir un passeport et un billet, qui sont les clés pour réussir votre voyage.

Pour décoller vers un autre type de vol, qui vous conduira en même temps au-delà des nuages et au plus profond de vous-mêmes, vous aurez besoin des clés mentionnées plus haut. L'amour sera votre passeport, à validité permanente, la volonté et la confiance, en vous surtout, constituant le billet, la carte d'embarquement.

Depuis le début de nos enseignements nous avons toujours insisté sur l'amour inconditionnel, l'amour de tout et de tous, et surtout l'amour pour vous-mêmes, au point de vous avoir parfois quelque peu agacés. C'était indispensable, mes chers enfants. Vous en étiez, pour la plupart, si loin !

J'espère sincèrement que c'est aujourd'hui chose faite, qu'en vous regardant dans le miroir, chaque matin, vous y voyez davantage qu'un nez, une bouche, un front où peut-être quelques rides commencent à se montrer, des cheveux qui n'ont pas la couleur souhaitée ou se font rares. J'espère que vous percevez ce pétillement au fond de vos yeux qui révèle une âme bien éveillée et en harmonie avec tout l'univers.

Si ce n'est pas le cas, je ne peux que vous conseiller de suivre les sages paroles d'un de vos dictons : « Vingt fois sur le métier remets l'ouvrage… » Et, si possible, vingt fois par jour, car le temps presse.

Reconnaissez que, sachant maintenant *Qui vous êtes*, ayant ressenti (ou pressenti) votre Être Divin, il n'y a plus de raison pour que vous continuiez à ne considérer en vous que votre enveloppe charnelle.

Nous vous avons conseillé aussi de rendre grâce à ce que vous êtes, y compris à ces choses qui ne vous plaisent pas en vous-mêmes. Car tout a sa raison d'être, et ce que vous prenez pour vos défauts sont peut-être vos plus grands atouts pour arriver à accomplir la mission que vous avez choisie.

Et maintenant ajoutez à cette action de grâce une autre qui, elle aussi, a sa raison d'être. Dites encore : « Je rends grâce à ce que je ne suis pas. »

Qu'est-ce que cela veut dire ? A quoi cela sert-il ? Tout simplement à permettre au Père, à la volonté divine, de s'exprimer à travers vous, d'œuvrer dans votre cœur grand ouvert et plein d'amour.

Oui, mes enfants : votre rôle de catalyseurs de la Lumière Divine ne sera complet, ne transformera l'humanité, la Terre et jusqu'aux plans non-manifestés, que si vous exprimez reconnaissance de ce qui n'est pas, de tout ce qui reste dans le domaine des potentialités et peut être manifesté par vous, à travers vous. Et aussi reconnaissance de ce que vous avez été et absolution du passé, du vôtre et de celui de tous et de tout.

Comprenez-vous, chers enfants, le pouvoir qui vous est conféré par votre amour inconditionnel et l'immense responsabilité qu'est la vôtre, celle de co-créer avec nous des Plans Célestes, l'expression de la volonté divine sur Terre ?

Méditez sur ces deux phrases, car elles ne peuvent être bien comprises que par votre cœur. Votre intellect, aussi brillant, aussi cultivé soit-il, ne peut saisir toute la beauté et toute la puissance de ces mots, lorsque prononcés en conscience et issus d'un cœur ouvert et plein d'amour.

Appelez-nous, même si vous n'êtes pas canal, et nous vous parlerons en votre cœur pour vous apporter les éclairages qui vous manquent. Car après tout, que vous le sachiez ou non, vous êtes tous canal. Sauf que la plupart ont besoin d'une ouverture, ou d'une bénédiction, d'une sorte d'autorisation, pour se permettre de nous contacter, de dialoguer avec nous du Monde Céleste.

De notre côté, nous vous parlons à tous, ou du moins à tous ceux qui consentent à nous écouter, ne fut-ce que pendant leurs rêves.

Je ne veux pas m'étendre davantage. Je vous laisse le temps d'assimiler ce que je vous ai dit aujourd'hui et vous conseille encore de ne reprendre la lecture que quand vous aurez intégré ce qui précède. Je n'ai pas dit « compris », car votre mental risque de ne pas l'accepter pendant longtemps encore, mais assimilé, intégré en votre cœur, là où résident la vraie connaissance et la vraie sagesse.

Nous vous aimons à un point que vous ne pouvez imaginer et vous bénissons.

10 - La loi des contraires

Une des notions qui vous intriguent le plus dans nos enseignements est l'expression « loi des contraires ».

La loi des contraires, mes enfants, est tout simplement vous. C'est vous qui êtes pétris d'ombre et de lumière, de noir et de blanc, de oui et de non, d'énergies masculines et féminines et d'autres contradictions apparentes.

Ces énergies se sont opposées en vous et ont fait de chaque être humain un champ de bataille où elles s'affrontaient nuit et jour, le plus souvent à votre insu. Voyez-vous ? Ces luttes permanentes ne pouvaient que se refléter sur vos corps physiques, créant maladies et déséquilibres.

Et puisque nous parlons de maladies et déséquilibres, il me faut éclaircir un point important.

Nous vous disons souvent que votre santé dépend avant tout de votre alimentation, de votre respiration et de la sérénité de votre âme. C'est vrai. Mais ceci doit être compris surtout dans un sens prophylactique, c'est-à-dire en amont des maladies physiques. Car lorsque celles-ci se sont installées et commencent à détruire, à plus ou moins long terme, votre corps de chair, le recours à la médecine devient nécessaire, même si ce n'est qu'en complément de vos pratiques spirituelles.

Votre médecine, avec les erreurs qu'elle comporte encore et cette lourdeur qui sera dépassée dans deux ou trois générations, est pour le moment quelque chose dont l'humanité a besoin, sans pourtant devoir en abuser. Ici comme en tout, il faut savoir faire preuve de discernement et ne pas vous mettre à mépriser tous ces hommes et ces femmes qui ont choisi un métier si difficile et parfois ingrat, par compassion, par amour pour leurs semblables, alors qu'ils auraient pu devenir industriels ou commerçants.

Ceux-ci ont également des responsabilités, bien sûr, mais ils sont moins souvent rendus responsables de choses qu'ils n'ont pas voulues, et contre lesquelles ils se sont battus avec les armes qui leur avaient été données et qui étaient rarement miraculeuses.

Alors, si vous le voulez bien, sur un sujet aussi essentiel pour vous, comme d'ailleurs sur tous les autres, cherchez la voie du milieu, qui est toujours la plus juste.

Revenons-en maintenant à la loi des contraires.

Aujourd'hui, vous êtes appelés à harmoniser toutes ces énergies contraires et à les transformer en énergies complémentaires. Car le masculin et le féminin sont complémentaires lorsque bien appliqués, l'ombre est nécessaire pour mettre en valeur la lumière, et ainsi de suite. Demandez donc à un photographe ou un peintre s'il aime reproduire un sujet où il n'y a que de la lumière. Il vous dira que non, que c'est le jeu subtil entre celle-ci et l'ombre qui fait toute la beauté, tout le charme du tableau. Même ce que vous appelez « le mal » est nécessaire pour créer le bien.

Arrêtez un peu votre mental qui, ayant été abreuvé depuis trop longtemps d'idées fausses et de faux concepts, risque de vous induire encore une fois en erreur. Interrogez plutôt votre cœur.

Comment voulez-vous que les couples, les familles, les peuples vivent en paix les uns avec les autres si l'être humain est en guerre contre lui-même en permanence ?

Donc, pour que vous vous décidiez à cesser les hostilités, il est indispensable que vous compreniez l'inutilité de cette guerre incessante entre deux parties de vous-mêmes et tout le mal qu'elle vous fait.

Lorsque chaque mari aura compris et accepté les énergies féminines qui sont en lui, il comprendra bien mieux sa femme et sera plus tolérant avec elle. Et l'inverse est, bien entendu, aussi vrai.

Comme disent plusieurs sages, l'être qui est en paix avec lui-même est en paix avec le monde entier. Acceptez donc cette partie de votre être que vous aviez appris à combattre, donnez-lui un espace dans votre vie et tout ira mieux pour vous et autour de vous. Car chacune de vos pensées, de vos paroles, de vos actes influencent l'espace qui vous entoure, le plus souvent très loin.

Vous serez bien plus heureux et l'harmonie entre vos différents corps se traduira en santé, sérénité et joie de vivre.

Et qu'il en soit ainsi, si vous le voulez vraiment.

11 - Qu'est-ce que le non faire ?

Non, mes enfants, ne croyez pas que le non-faire soit l'immobilisme. Ce n'est pas non plus attente, car l'attente est aussi une forme d'immobilisme, voyez-vous ?

Il est difficile, pour vous qui vivez sur ces plans denses depuis des millénaires, d'admettre que l'on puisse rester parfaitement calme, sans bouger un seul doigt, pendant que l'on réalise une œuvre de lumière. Plus difficile encore pour les occidentaux, pour qui la patience et l'introspection ne sont pas (je veux dire, n'étaient pas il y a encore peu de temps) des vertus.

Ce qui se passe est que, durant ce temps, la Volonté Divine est en train d'œuvrer à travers vous. Ce travail, qui est sans le moindre doute le plus important actuellement effectué sur Terre, ne peut se faire que si vous vous offrez pour en être les véhicules, des véhicules conscients, pleinement ouverts, le cœur offert pour être l'instrument du Ciel.

Nous vous avons dit souvent que vous êtes des catalyseurs de la Lumière Divine. Un catalyseur, selon votre chimie, est un élément qui, par sa seule présence, provoque une réaction, une transformation. Cet élément ne fait rien, apparemment, mais son absence empêche la réaction, la transformation d'avoir lieu. C'est pourquoi il est précieux. Vos lycéens connaissent bien ce phénomène.

Cependant, dans votre cas, vous n'êtes pas simplement là, mais vous êtes conscients et consentants, vous êtes actifs dans le sens où vous êtes offrandes aux plans supérieurs. Vous ouvrez votre cœur tout grand, au besoin en vous aidant de quelques profondes respirations qui vous relient au Ciel et au noyau de la Terre, et vous devenez instruments du Céleste par votre amour inconditionnel. Vous n'êtes pas immobiles, puisque des êtres et des événements viendront à vous sans arrêt pour vous permettre d'œuvrer sur eux. Vous vous coulez dans la mouvance, dans la création incessante qui se fait dans l'Univers et sur la Terre, suivant le Plan de votre Père.

Quel beau rôle, mes enfants !

Unis à l'Être Divin qui vous habite, vous devenez ce que vous avez toujours été mais que vous aviez oublié : une partie du corps de votre Père/Mère/Créateur.

C'est pour cette raison que je vous disais dans un message précédant que vous auriez de moins en moins besoin d'enseignements. Car tout se trouve en vous, toute la sagesse, toutes les capacités immenses d'un Enfant Divin.

Nous serons encore là, nous, vos Frères Aînés, pendant longtemps, pour vous aider, pour vous soutenir, le temps que vous appreniez à vous servir de toutes ces capacités. Mais dès aujourd'hui vous pourrez œuvrer avec nous, la main dans la main, en attendant le moment proche où il vous sera possible, si vous le souhaitez, de venir sur nos plans et être nos Maîtres en incarnation, car vous n'aurez pas besoin pour cela de quitter vos corps de chair ni la Terre. Vous irez et viendrez d'un plan à l'autre, en conscience et sans encombre.

Oui, chers enfants, vous êtes arrivés au bout de votre longue marche, et vous n'avez plus rien à faire sinon vivre, être heureux et rayonner autour de vous ce que vous êtes. Votre cœur ouvert et plein d'amour sera l'arme dont nous, des plans élevés, nous servirons pour transformer, pour transmuter l'humanité et la Terre, et également d'autres plans.

Apprenez simplement à être ce cœur qui sème la Lumière et l'Amour divin partout où il passe, cet être qui est une bénédiction pour tous ceux qui le croisent.

Vous n'avez plus besoin de parler et moins encore d'essayer de convaincre. Laissez votre âme parler, dans le silence de vos lèvres, à tous ceux qui viennent à vous. Et s'ils n'ont pas l'air de comprendre, réjouissez-vous quand même, car leur âme aura compris le langage de la vôtre. Une graine aura été semée qui donnera des fruits un jour ou l'autre, quand l'être aura eu le temps d'assimiler cette graine et de la faire germer.

N'ayez plus de remords ni de regrets si vous n'êtes pas en train de vous occuper de la veuve et de l'orphelin. Ce sont là, sans aucun doute, de nobles actions bénies par le Ciel. Pourtant votre mission est autre. Votre mission est moins visible mais plus vaste parce que vous l'avez ainsi choisie.

Vous n'aurez pas un Prix Nobel ni la reconnaissance des humains mais, n'en doutez pas, vous serez célébrés, honorés sur les plans les plus élevés. Comprenez-vous ?

Supposez que, sur vos plans, il y a un agriculteur qui travaille la terre durement, du lever au coucher du soleil et qui rentre chez lui, le soir, éreinté, mort de fatigue.

Il se peut que, à côté de chez lui, habite un savant, un philosophe, quelqu'un qui passe ses journées entières penché sur des feuilles de papier, des formules, des documents. Il ne sort que deux fois par jour, pendant une demi-heure, pour faire un peu d'exercice dont son corps a besoin. Enfin, j'espère qu'il fait cela.

L'agriculteur peut être tenté de croire que son voisin ne fait rien, qu'il est un paresseux, un parasite qui ne produit rien d'utile.

Les choses vont ainsi jusqu'au jour où notre brave agriculteur apprend que son voisin a fait une découverte révolutionnaire dans le domaine de la santé, des soins, ou tout autre qu'il considère important. Après cela il commence à regarder son voisin avec plus de respect.

Ces deux hommes sont tous les deux des valeurs pour l'humanité. Tous les deux méritent le respect et l'amour de leur entourage. Ils ont simplement choisi des missions différentes.

La prochaine fois, ce sera peut-être l'agriculteur qui aidera le monde où il vivra à s'élever de la boue à une dimension supérieure, car il est lui aussi un Enfant Divin.

Ceci vous explique mieux que ne pourraient le faire de longs discours : personne n'est supérieur a personne, mais les missions des uns et des autres sont diverses.

Soyez donc heureux, chers enfants, d'accomplir votre mission quelle qu'elle soit.

Et puisque vous avez choisi un rôle aussi beau que celui d'instrument conscient de la Volonté Divine, je voudrais que vous soyez les instruments les plus joyeux de l'univers.

12 - Le Non-positionnement

Après le non-faire, il y a encore cette expression barbare pour vos oreilles de non-positionnement. Plus barbare encore si l'on vous invite à vous positionner dans le non-positionnement.

Ne vous affolez pas. C'est moins compliqué qu'il n'y paraît. Je crois même que la plupart d'entre vous, après le bref exposé sur le non-faire, ont compris ce corollaire sans avoir besoin d'explications supplémentaires. Pourtant, dans le doute, je me permets d'insister, car sur des sujets aussi vitaux il faut être certain d'avoir bien saisi de quoi il s'agit avant de pouvoir l'appliquer.

Il est vrai que c'est surtout par le cœur que vous devez comprendre ces choses-là. Votre intellect à lui seul ne pourra jamais adhérer à ces principes si, au plus profond de vous, il n'y a pas eu ce déclic qui vous amène à les adopter. C'est pourquoi une méditation d'une demi-heure, par laquelle vous faites vôtres ces notions, vaut de longs discours. Que ces explications ne vous empêchent pas de consacrer quelques moments de loisir à une telle méditation. A ce moment-là nous vous donnerons toutes les explications que vous souhaiterez, destinées à vous et à vous seul.

Le non-positionnement découle tout simplement de votre « lâcher prise ». C'est-à-dire que, ayant acquis cette confiance dans le Céleste et la certitude que le Ciel connaît mieux vos besoins et ceux de votre entourage que vous-mêmes, il vous sera d'autant plus facile d'abdiquer vos opinions et idées toutes faites pour devenir cet instrument conscient de la Volonté Divine.

En quoi cela se traduit-il concrètement ? Ne doit-on plus jamais caresser des rêves, faire des projets, avoir des opinions ?

Non, ce n'est pas de cela qu'il s'agit. Bien sûr, vous avez le droit de rêver et de bâtir des projets. Simplement, ne vous y accrochez pas avec la dernière vigueur. Exprimez-les clairement à votre Maître préféré ou à votre Soi Supérieur et ensuite ne vous en occupez plus. Et si les choses ne tournent pas exactement comme vous l'auriez voulu, ne commencez pas à nous maudire. Soyez plutôt sûrs que ce n'était pas le meilleur pour vous.

Si vous le voulez bien, et pour être ces instruments magnifiques de la Volonté Divine et donc de l'Ascension de l'humanité et de la Terre, cessez d'avoir des opinions sur tout et tous. Cessez de colorer chaque événement, chaque personne, des couleurs de vos opinions d'hier.

Pour illustrer ceci, je vais vous raconter une petite histoire.

Un « canal » avait la ferme intention de devenir cet instrument total de l'œuvre de Lumière sur la Terre. Cependant il avait l'habitude de regarder la télévision, surtout les informations, et il discutait, s'indignait en écoutant certaines nouvelles, certaines affirmations. C'était plus fort que lui (en l'occurrence, c'était une elle).

Cela lui a pris quelque temps pour reconnaître que ses opinions n'étaient pas fondées sur une connaissance véritable des faits et des êtres, ce qui les rendait fallacieuses. Il y a des hommes et des femmes qui perdent leur calme lorsque l'on parle de football, de courses de chevaux ou autre sport favori. Pour d'autres ce sont des sujets plus profonds qui les passionnent au point de les rendre irrationnels et parfois incohérents.

Pour elle c'était la politique. Elle finit néanmoins par comprendre que ses opinions, surtout en matière de politique, ressemblaient au point de vue de la puce qui vivait sur la peau d'un éléphant. Chaque fois que l'éléphant se grattait, la puce entrait en panique, croyant à un tremblement de terre.

Je ne parle pas de manque d'intelligence, chers enfants. La puce de cet exemple aurait pu être la plus intelligente de toutes les puces de l'univers, voyez-vous ? Ce qui lui manquait c'était la perspective. Or, le manque de perspective peut tout fausser.

Alors, le canal en question décida de ne plus avoir d'opinions non-fondées, de rendre grâce à tout ce qui est et à tout ce qui n'est pas, laissant ainsi aux Pères et aux Maîtres le soin de transformer les choses. Mieux, sachant que de cette façon elle ne s'opposait pas à la transformation, à la mutation de la planète et de toute la vie qu'elle abrite, elle usait de son libre arbitre pour appuyer cette mutation, et cela lui apportait énormément de paix et de joie.

Avec quelques efforts, vous pourrez tous faire comme ce canal : devenir des êtres transparents, à travers lesquels passent les événements et les êtres, les regarder tous dans l'amour inconditionnel, contribuant ainsi à leur transformation et à l'aube de cette nouvelle ère à laquelle nous aspirons tous.

13 - Les mots

Vous savez tous, chers enfants, que les mots de vos langues dites « vivantes » ont été galvaudés à tel point qu'aujourd'hui il n'est pas aisé de les utiliser à bon escient. Les seules langues qui conservent encore une certaine pureté ne sont comprises que par une petite poignée d'êtres humains. Parmi celles-ci figure en première place le sanscrit, directement dérivé du solara maru, langue galactique.

Il nous serait cependant très difficile de nous faire comprendre par vous si nous vous parlions en sanscrit, surtout en ces temps où les êtres veulent que tout soit instantané, n'est-ce pas ? D'autre part, les temps sont maintenant trop courts pour vous permettre d'apprendre de nouvelles langues, à plus forte raison des langues que vous n'avez que très peu entendues, peut-être juste dans quelques mantras ou chants sacrés.

Alors, il nous faut nous adresser aux peuples de la Terre, autant que possible, dans leurs propres langues. Car, si déjà les concepts que nous souhaitons vous inculquer, avec votre consentement, sont nouveaux et pas très aisés à assimiler, il ne faudrait pas que les difficultés d'une langue étrangère les rendent encore plus opaques.

Je vous fais remarquer que, dans ce domaine, quelques-uns parmi vous sont plus pointilleux que d'habitude. Ils acceptent sans ciller tous les anglicismes des nouvelles technologies, ainsi que des mots comme « toubib », « bled », « ola », « feria » et des montagnes d'autres d'origine nettement étrangère. Mais si nous, dans un de nos ouvrages, essayons de pallier à l'inadéquation de vos langues à transmettre les choses de l'âme par l'un ou l'autre mot qui vous rebute, vous criez au scandale. Etes-vous sûrs que votre mental ne s'en sert pas comme prétexte pour rejeter des notions qui le remettraient à sa place ?

Tant pis pour nous si cela nous pose des problèmes de traduction. Notre enthousiasme et celui de nos « canals » les allègent. Et tout ce que nous vous demandons dans ce domaine est de ne pas trop vous attacher à quelques petits détails, de ne pas vous empêtrer dans un adverbe, un féminin qui vous semblent incongrus, par exemple, ou bien dans un pluriel qui vous rebute. Souvent il s'agit de tenir compte de la valeur vibratoire d'un mot, ce dont vous n'êtes pas encore bien conscients.

Je pense notamment à ce pluriel que nous employons fréquemment pour désigner la hiérarchie suprême : les Pères.

J'en connais plus d'un qui se hérisse à ce mot et je tiens à vous en donner les raisons.

Commençons par énoncer une vérité qui vous rassurera : la Source de *Tout Ce Qui Est* n'est qu'une seule, comme on vous a toujours dit.

Cependant, cette Source s'est présentée à vous sous différents aspects et appellations, selon le temps et le lieu. Elle n'était pas les messagers qui sont venus sur Terre, mais Elle était en eux, tout comme Elle est en vous, à ceci près qu'eux en étaient conscients, qu'ils étaient conscients de ce lien et de leur mission, tandis que vous commencez seulement à être conscients de la vôtre.

Ces êtres, les plus évolués de l'univers, vous les vénérez sous différents noms : Allah, Yahvé, Bouddha ou autres moins répandus.

Toutefois, dans la Fraternité Vraie à vocation universelle, parler d'un seul de ces Êtres dans certains contextes équivaut à réduire le Créateur/Père/Mère dans le temps et dans l'espace, L'inscrire dans une zone d'influence restreinte, ce qui est ni plus ni moins que le contraire de ce que nous désirons vous faire intégrer.

Donc, en disant « les Pères », nous rendons hommage à tous ces aspects de la Source dont nous sommes les serviteurs, et avant tout nous apportons à votre foi une dimension beaucoup plus vaste et plus proche de la vraie dimension qu'elle devra atteindre.

Nous espérons ainsi que sur la Terre on n'opposera plus Bouddha au Christ ni Allah à Yahvé, car ils sont tous UN et différentes expressions de ce UN que nous nommons LA SOURCE. Ils sont tous dignes de votre profond respect et de votre amour.

L'importance de ce nouveau point de vue ne peut pas vous échapper, votre histoire étant remplie de récits de guerres et atrocités commises par les adeptes de l'une de ces expressions contre une autre qui, finalement, n'était qu'un autre aspect, une autre facette de ce UN.

Après les luttes livrées à l'intérieur de chaque être humain par deux parties supposées contraires de lui-même, ces luttes religieuses dues à un manque de perspective ont été (et sont encore malheureusement aujourd'hui) l'aspect le plus tragique de la vie sur Terre.

Voyez-vous jusqu'où peuvent aller le manque de perspective et la confusion des mots ?

J'espère sincèrement que vous, au moins, comprendrez ce que nous, vos Maîtres Ascensionnés et d'autres Êtres de Lumière ne cessons de vous dire depuis des siècles et des millénaires, car vous êtes à présent éveillés et capables de l'assumer.

Et qu'à travers vous, à travers votre amour et votre nouvelle connaissance, ces erreurs terribles ne soient bientôt qu'un souvenir du passé. Et que les êtres humains commencent à se rendre compte de leur unité, qu'ils sachent enfin qu'il sont tous UN et enfants de cet UN, quel que soit le nom qu'ils Lui donnent.

Et la paix régnera pour toujours sur cette planète bénie.

14 - Passé, Présent, Avenir

Le temps tel que vous le connaissez est quelque chose de cauchemardesque pour l'être humain. Vous lui courez après pendant des vies entières sans jamais le rattraper. Et pour cause !

Car voyez-vous, chers enfants, le temps, votre temps n'existe pas. Il est une création de votre dimension, faite pour vous conditionner, pour vous soumettre à des lois fictives, et finalement vous conduire à la vieillesse et la mort.

Le jour où vous arriverez à lui échapper, vous deviendrez aussitôt beaucoup plus libres. Mais pour l'instant vous êtes là, pris entre les souvenirs du passé, avec ce penchant que vous avez à ressasser les plus désagréables, en de vains regrets ; et puis les soucis et les craintes pour l'avenir. Qu'il nous est difficile de vous soustraire à toute cette lourdeur !

Lorsque vous avez acquis un peu d'assurance, un rien de confiance, vous regardez votre télévision, vous lisez un journal ou un livre, vous écoutez des êtres encore dans l'obscurité qui vous disent, du haut de leur grande culture, que le désespoir est la seule robe qui vous sied. Et vos vibrations descendent jusqu'au sous-sol.

Quand apprendrez-vous à vivre dans l'instant présent ? Quand accepterez-vous que le passé soit fait d'expériences, agréables et désagréables, mais toutes nécessaires pour vous faire évoluer, pour vous amener là où vous vous trouvez, à cet éveil de la conscience qui vous permet de jouer votre rôle dans l'ascension de cette planète et de toute la vie qu'elle porte ?

Le passé, le vôtre, celui de la Terre et de l'humanité, est inscrit dans les Annales Akashiques, et vous pourrez bientôt le connaître tel qu'il fut en vérité et non point tel que l'ont décrit des êtres souvent partiaux ou ne disposant que d'une infime partie des données qui leur auraient permis de les interpréter. Il faudra alors que vous soyez suffisamment avancés pour le voir comme l'histoire d'un apprentissage, sans regrets et sans amertume.

Quant à l'avenir, il sera ce que vous en ferez. Vous avez appris que vous créez votre futur. Donc, si vous voulez qu'il soit beau, faites-le beau. C'est aussi simple que cela. Vous disposez à présent de toutes les clés, des outils qui vous y aideront. Servez-vous en.

Pour créer cet avenir de paix, d'amour, d'harmonie, une clé majeure consiste à bien vivre le moment présent. Car en définitive, il n'y a que lui. Ce « maintenant » se déplace avec vous et, quoi que vous pensiez ou fassiez, vous y êtes toujours. Vous ne le quittez point.

En ce moment se réunissent en votre être, immobiles dans la mouvance éternelle de la Création qui jamais ne s'arrête, passé, présent et futur. Car tout ce qui est l'est de toute éternité.

Et s'il vous est difficile de comprendre ceci, réjouissez-vous. Cela veut dire que votre mental ne résonne pas à ces vérités. Toutefois, votre âme les connaît et les a toujours connues. Elles sont en vous, au plus profond de vous, et c'est de là qu'elles feront surface quand le moment sera venu pour vous, pour chacun de vous.

C'est donc le moment présent le seul élément du

temps qui a vraiment de l'importance. Ne le gaspillez pas à vous projeter en arrière ou en avant. Savourez-le, jouez avec, comme l'enfant qui vient de recevoir un nouveau jouet et qui en profite pleinement, sans se soucier de ce qui a été ni de ce qui sera demain. L'enfant est confiant et il a raison. Oui, c'est bien lui qui a raison.

Vous est-il déjà arrivé de passer des nuits blanches et des journées d'angoisse en anticipation d'un examen, d'un rendez-vous d'embauche, d'un diagnostic médical ?

Ensuite, le moment venu, tout se passa très bien et, si vous êtes francs avec vous-mêmes, force vous est de constater que vous auriez pu vous épargner toute cette souffrance. Et vous vous demandez ce qui vous pousse à broyer du noir comme ça, à toujours vous attendre au pire.

Certains objecteront, pas de très bonne foi il faut le reconnaître, que de cette façon la bonne issue des événements devient une charmante surprise.

Moi, je vous demande seulement : a-t-il valu la peine de vous torturer pendant des jours, des semaines ou plus, en prévision d'échecs qui ne se sont pas produits ? Voudriez-vous être, chers enfants, comme cet être perturbé dont vous parlez parfois, qui se frappait la tête avec un marteau pour goûter le soulagement des moments où il s'arrêtait ?

Pourquoi ne pas avoir un peu de confiance, en la vie, en nous, vos Frères de Lumière toujours prêts à vous venir en aide au moindre signe, en vous-mêmes ? Est-il nécessaire de vous rappeler que rien ne vous arrive que vous n'ayez pas voulu et demandé avant de vous incarner ?

Ce destin, ce contrat que vous avez célébré avec le plan Céleste, vous seul pouvez le changer.

Voici une bonne nouvelle. Nous pouvons alléger, adoucir vos épreuves, si vous nous le demandez. Pourtant, vous seuls pouvez modifier votre destin. Comment ? En évoluant plus vite que prévu. En vous rapprochant de votre Soi Véritable, en vous unissant à Lui de sorte que les épreuves prévues pour y arriver deviennent superflues.

Alors, dans l'amour profond et inconditionnel pour vous-mêmes, dans la reconnaissance de ce que vous êtes en vérité, vous pouvez dire :

– Je renonce aux épreuves qui devaient me hisser au plus haut de mon être, puisque j'y suis déjà.

Et n'attendez pas d'être parfaits, selon vos critères généralement trop exigeants. Car tout être, même sur les plans élevés, est toujours perfectible. Contentez-vous d'avoir un cœur débordant d'amour, de paix, de lumière, de joie, un cœur ouvert sur le monde entier et audelà. Et même si de temps en temps vous trébuchez un peu sur cette voie de transformation, ressaisissez-vous, secouez de vos robes la poussière du chemin et poursuivez votre route.

La porte du paradis que sera la Terre s'ouvre déjà pour vous laisser passer. Pressez le pas. Vous y êtes presque.

Et il en est ainsi.

15 - L'Amour inconditionnel
Théorie et pratique

Vous savez tous à présent que l'amour inconditionnel consiste à aimer sans « si » ni « mais ». Et vos cœurs généreux adhèrent avec grâce à cette notion de l'amour. Vous aspirez à être capables d'aimer toute l'humanité, et aussi les plantes, les animaux, la Terre et même la vie extraterrestre.

Il vous est devenu aisé de nous aimer, nous, vos Frères de Lumière, de répondre à notre immense amour pour vous par un amour aussi grand que votre cœur est capable de contenir. Ceci en dépit du fait que vos yeux ne nous voient pas, vos mains ne puissent nous toucher et même le son de nos voix vous soit inconnu. Et nous sommes émerveillés de votre capacité à dépasser ainsi vos sens terrestres et votre monde de densité.

Les choses deviennent néanmoins plus difficiles quand il s'agit d'aimer certains de vos semblables. Car, s'il est aisé de donner son affection à ceux qui vous aiment, qui pensent et ressentent les choses comme vous, il l'est beaucoup moins quand l'être en face de vous exprime des opinions, des points de vue, ou a des façons d'être et de se conduire avec lesquelles vous n'êtes pas en accord.

A la rigueur, vous arrivez mieux à adresser un sourire aimable au mendiant au coin de la rue ou au vendeur ambulant qui essaie de vous imposer une babiole dont vous n'avez ni besoin ni envie. Mais il est plus difficile d'agir ainsi avec votre collègue de bureau qui se vante tout le temps, qui a un langage trop cru, ou avec la jeune fille qui ment par habitude ou qui s'habille de façon provocante. Alors, pour vous disculper, vous parlez « d'affinité ». Si vous n'avez pas d'affinité pour telle ou telle personne, vous n'hésitez pas à la rejeter, à l'exclure de votre entourage autant que faire se peut.

Dois-je vous rappeler que dans la fraternité vraie, l'affinité, soit n'existe pas, soit elle est étendue à tous les êtres qui vous croisent, sans exception ?

Pensez-vous que c'est aller trop loin de vous inciter à aimer les voleurs, les assassins, les poseurs de bombes ?

Je sens des protestations monter vers moi venant de nombreuses gorges. Alors je vous dis : « Le fait de les condamner, de les accabler de votre colère les rend-il meilleurs ? »

Que la société soit obligée de mettre hors d'état de nuire certains êtres, c'est regrettable mais nécessaire. Mais vous, chacun de vous, ne peut-il pas détacher, faire le tri entre ce qu'ils font ou ont fait et leur être profond, l'Enfant Divin qui est en eux ? N'est-ce pas vrai que, plus vous leur donnez de mépris ou de dégoût, plus ils deviendront mauvais ? Et vous aussi, vous descendrez dans la densité des émotions négatives par la même occasion.

Si, au contraire, vous réussissez à leur accorder votre compassion, si vous les traitez avec un peu de respect au nom de l'être divin qui les habite, vous donnez à celui-ci une opportunité de se réveiller à la vie, de commencer à s'épanouir et de gagner du terrain sur l'ombre qui l'entoure.

Il n'y aura peut-être pas de miracle spectaculaire et instantané, une mutation soudaine de cet être. Mais qui vous dit que les miracles se produisent toujours de façon fulgurante ?

Offrir à un être qui se trouve au fond du gouffre, qui n'a plus le moindre respect pour lui-même, un peu de compassion et de chaleur humaine, c'est contribuer fortement à l'ascension de toute l'humanité et de la Terre, mais surtout à la vôtre, à votre propre transformation. Et si vous êtes capables de regarder cet être et de dire du fond de votre cœur grand ouvert, avec amour : « Je rends grâce à ce qu'il est et je rends grâce à ce qu'il n'est pas », en cet instant précis la planète devient plus belle, plus lumineuse, plus paisible, et vous grandissez d'un trait.

Il vous sera par la suite beaucoup plus facile d'avoir cette même attitude, cette même tolérance, cette indulgence envers ceux qui se limitent à vous agacer un peu. Ne croyez pas que ces manières soient anodines et ne changent rien au monde où vous vivez. Elles sont, au contraire, primordiales.

On a très souvent essayé de changer le monde. Des révolutions et des guerres civiles ou entre nations, ont eu lieu dans ce but. Pourtant les changements ne sont jamais allés assez loin. Pourquoi ? Parce que l'on a omis de changer l'individu, parce que chacun ne s'est pas changé lui-même.

Or, le monde, l'humanité n'est jamais que la somme des individus. Et si vous intégrez en vous cette vérité, ainsi que celle de l'influence qu'un seul être a sur l'ensemble, alors vous ferez cet effort et votre Terre se transformera à courte échéance.

Faites-le dès aujourd'hui. L'univers entier compte sur vous. Et soyez mille fois bénis, chers enfants, vous qui êtes les nouveaux Maîtres et qui allez créer le Ciel sur la Terre.

16 – L'Acceptation

Je commencerai par vous dire, chers enfants, ce que l'acceptation n'est pas. Elle n'est pas soumission et elle n'est pas non plus résignation. Au contraire de ces deux attitudes, elle tient compte de votre libre arbitre.

C'est l'être libre et conscient de sa liberté qui choisit d'accepter la Volonté Divine. Souvenez-vous que, si vous êtes venus sur Terre pour y implanter le Plan de votre Père (ou des Pères) ce fut en tant que volontaire et donc ayant librement décidé de vous rallier à cette cause, la plus noble de toutes les causes.

Je dirai encore plus : si vous décidez, en conscience, de ne plus suivre le but choisi il y a des millions d'années, vous pouvez y renoncer. Vous ne serez pas punis pour autant, vous ne perdrez pas le respect ni l'estime des Êtres de l'autre côté du voile.

Perdrez-vous les vôtres ? A cela vous seuls pouvez répondre. Mais nous vous savons tellement exigeants avec vous-mêmes que nous craignons que cela soit possible.

Je vais illustrer ceci par un exemple. Un être s'était incarné le siècle dernier pour résoudre quelques problèmes qu'il traînait depuis plusieurs vies et qu'il souhaitait régler une fois pour toutes.

Au cours d'une vie assez mouvementée et pas facile, cet être réussit finalement à atteindre son but. Il retrouva ainsi la paix avec lui-même et avec tout l'univers.

Il aurait pu partir à ce moment-là, doucement, dignement, comme une bougie qui s'éteint, sans souffrir et sans faire souffrir.

Cependant, au moment décisif il s'est souvenu qu'il avait un programme supplémentaire, quelque chose qu'il avait prévu d'accomplir si et quand il aurait mené à bon terme son contrat principal.

Alors il hésita, partagé entre le désir de partir, de retrouver des dimensions plus reposantes que la Terre avant de devenir trop dépendant et trop pénible pour les siens ; et d'autre part cette mission dont il n'avait qu'une idée assez vague mais dont il était certain que c'était quelque chose d'important, de beau, d'exaltant.

S'il avait décidé de partir, personne ne lui en aurait voulu. Personne... sauf lui-même. Son intuition lui disait que, en abandonnant la planète à ce moment-là (c'était au début de ce siècle) il se soustrayait à une promesse, à un engagement qui lui tenait à cœur.

Il décida de rester. Il reprit la respiration qui était sur le point de devenir un râle et il revint à la vie, par son propre choix, par sa détermination.

Depuis ce jour-là, cet être évolue bien plus vite qu'avant. Il devient chaque jour plus impliqué dans le Plan Divin, un instrument plus utile et dévoué. Et il le fait librement. Il n'a jamais été aussi libre que depuis qu'il a décidé en conscience de devenir ce relais, ce catalyseur de la Volonté du Ciel.

C'est cela l'acceptation.

L'acceptation est donc liberté. Elle est aussi joie, au contraire de la soumission et de la résignation.

Elle découle de la confiance, en le monde Céleste, en la vie, en soi-même. Celui qui accepte sait qu'il est aimé, que les Plans Supérieurs sont avec lui, que la vie ne lui apportera jamais quelque chose qui ne soit pas pour son bien suprême. Finalement, il sait qu'il peut faire face à toutes les épreuves et transformer le négatif en positif.

Né pour créer, déçu de croire ne jamais avoir façonné rien de grand ou de durable, il devient par l'acceptation de la Volonté Divine co-créateur de son destin et, dans une large mesure, du destin de son entourage, jusque très loin dans l'univers.

Ses pensées, ses paroles, ses actes, par le biais des cercles concentriques qu'ils génèrent, vont influencer des êtres vivant très loin de lui, peut-être de l'autre côté de la Terre ou encore plus loin.

Un seul de ces êtres, même vivant dans un coin écarté des projecteurs et des médias, inconnu de tous sauf de son épicier et de ses voisins, peut avoir plus de poids sur l'avenir de la planète qu'une foule de ceux que vous appelez VIP (*Very Important People*).

Voyez-vous, chers enfants, nos moyens d'évaluation de l'importance d'un être dans l'accomplissement de sa mission, de son rayonnement sur tous et tout ce qu'il touche, ne sont pas du tout semblables aux vôtres.

Méditez là-dessus. Rendez-vous compte que ce petit homme ou cette petite femme effacés qui vous sourient dans la rue et que vous oubliez aussitôt peuvent être de ces magiciens qui font pousser l'herbe et refleurir les champs là où l'homme a tout dévasté.

Et si vous acceptez librement d'en faire partie, nous serons à vos côtés, nous que vous appelez vos Maîtres, pour vous servir dans l'allégresse.

17 - À ceux qui sont encore dans la dualité

Je sais, chers enfants, qu'il ne vous est pas aisé de sortir de la dualité qui est la loi sur votre 3e dimension. Tout autour de vous conspire pour vous y maintenir, et si vous sortez des « rangs », il y aura toujours une bonne âme pour chercher à vous y ramener.

C'est là que votre libre arbitre et votre détermination peuvent vous être très utiles, ainsi que notre aide. Dois-je vous rappeler que vous n'êtes pas obligés de suivre le courant général, que vous ne faites pas partie des brebis mais êtes plutôt des bergers dont la mission est justement de conduire le troupeau aux verts pâturages oubliés depuis très longtemps ?

Même dans un couple, il n'y a pas de raison de rester dans la dualité. Lorsque vous avez intégré en chacun de vous les énergies masculines et féminines que tous vous possédez en un tout harmonieux, l'autre devient le prolongement de cette harmonie puisqu'il a, lui aussi, les deux types d'énergie en lui.

Il est vrai qu'au niveau physique, tant que durera cette dimension, cette densité, tant que vous serez encore soumis à ses lois (pour peu de temps cependant) la dualité existera. Néanmoins, rien ne vous force à maintenir cette loi de la densité dans votre âme et dans votre cœur.

Vous qui séjournez de plus en plus, en conscience, dans la 4e dimension, vous qui nous rejoignez sans peine au cours de vos méditations, solitaires ou en groupe, devez vous apercevoir que la loi des contraires peut devenir loi d'harmonie, que les opposés sont à transformer en facettes d'un diamant qui contribuent toutes à l'éclat merveilleux de cette pierre précieuse que vous êtes.

Ainsi l'autre, surtout votre compagnon de vie, votre époux, ayant harmonisé à son tour en lui les énergies contraires, deviendra votre *alter ego*, le prolongement de ce que vous êtes et de ce que vous devenez.

Je crois entendre un chœur de protestations. Oui, il y a beaucoup de maris (et aussi quelques épouses) qui refusent les nouvelles idées et les nouvelles énergies. Et, bien sûr, vous ne pouvez pas les « convertir ». Personne n'en a le droit. D'ailleurs ce mot est à tel point entaché de souvenirs douloureux, d'histoires de coercition et d'irrespect des êtres qu'il vaut mieux le bannir de notre dictionnaire.

Mais vous pouvez les transformer en silence, en douceur, le coeur grand ouvert et plein d'amour. **Rendez grâce à ce qu'ils sont et à ce qu'ils ne sont pas.** Ensuite laissez faire la vie, laissez faire le Ciel.

Cette transformation a l'avantage de s'opérer avec l'accord du patient, ou du moins de son être profond, de son Enfant divin. Il répondra à cette invitation qui lui permettra enfin de grandir et de s'épanouir.

La réponse ne sera peut-être pas instantanée ou pas immédiatement visible, mais elle ne sera pas moins en route, sous forme d'un processus irrévocable. Gardez donc confiance. Comme disait un Être de Lumière à une de vos sœurs : « Apprenez à surfer sur vos difficultés. »

Dans les romans, les films et les pièces de théâtre,

quand ils ne sont pas destinés à vous maintenir dans la crainte, quelques minutes avant le dénouement heureux, tout s'embrouille et l'histoire atteint le paroxysme de l'horreur. Et soudain, par un de ces retournements inattendus de ce que vous avez coutume d'appeler « le sort », la tempête se calme, la guerre se termine, l'épidémie est arrêtée ou la comète qui allait détruire la Terre est déviée.

Dans la réalité aussi, tout semble plus sombre et désespéré au cours des moments qui précèdent le salut, l'apothéose, le miracle du triomphe de la Lumière sur l'obscurité.

Alors je vous pose la question : si vous qui connaissez ces choses, vous qui nous avez à vos côtés pour vous enseigner, vous rassurer, vous soutenir et, au besoin, vous porter, si vous vous laissez noyer dans le doute et la peur, qui rassurera les foules ? Qui seront les phares, les guides, les supports de l'humanité en ces moments difficiles ?

Vous pouvez, et même vous devez vous appuyer sur nous, mes doux enfants, mais ne vous permettez pas des défaillances qui annuleraient votre mission et nous laisseraient impuissants à sauver vos frères et sœurs. Nous comptons sur vous, nos Maîtres en incarnation, nos relais sur la Terre. Et nous viendrons vous rejoindre, bien visibles, dès que cela sera possible. C'est une promesse.

Vous avez toute la force requise. Vous vous y êtes préparés pendant des millénaires. Et nous serons avec vous à chaque instant. Allez jusqu'au bout. La porte du paradis est devant vous. Marchez en sa direction, d'un pas ferme, suivis de tous ceux que vous aurez pu réveiller, et pourquoi pas de toute l'humanité ?

Qu'il en soit ainsi.

18 - Le dépassement de soi

Vous avez l'habitude, depuis très longtemps, de considérer le dépassement de soi comme un sacrifice.

Aujourd'hui je vous invite à changer ce point de vue. Car, en dépassant vos envies et ce que vous estimez être vos besoins humains pour les soumettre à la Volonté du Ciel, vous devez savoir que vous ne sacrifiez rien, que vous ne renoncez à rien. Au contraire. Vos vœux et même vos rêves les plus ambitieux resteront bien en-deçà de ce que vous recevrez.

Vouliez-vous une maison ? Vous aurez un palais. Souhaitiez-vous une voiture ? Vous aurez une nef spatiale. Ce ne sont là que des images, bien sûr, mais qui vous donnent la mesure de ce que le Créateur/Père/Mère est prêt à faire pour vous, pour chacun de vous dans son immense Amour, dans son allégresse de vous voir revenir vers Lui en confiance, dans la certitude qu'Il sait mieux que vous ce qui vous sera utile ou nécessaire. Il sait ce qui vous rendra heureux, tandis que vous ne le soupçonnez pas toujours et prenez encore trop souvent un morceau de verre pour une gemme.

En dépassant vos désirs humains, en vous concentrant sur vos besoins divins, tout vous sera redonné. Tout. Le divin vous sera offert comme l'humain, les deux constituant votre héritage de toute éternité. Tout, y compris la sagesse que vous aviez perdue en même temps que d'autres dons et qualités.

Nous sommes là, les serviteurs de la Source et des Pères, et nous avons les bras chargés de tous ces cadeaux qui vous sont destinés, en attente d'un petit geste, d'un mot, d'un signe pour vous combler.

Lorsque vous étiez enfants, vous aviez peut-être des parents qui travaillaient à l'extérieur, toujours pressés, toujours en train de repartir tandis que vous aviez l'impression qu'ils venaient juste de rentrer. Et vous rêviez d'un père, d'une mère qui auraient le temps de vous écouter, de jouer avec vous, de vous bercer dans leurs bras si vous aviez un bobo ou tout simplement envie de tendresse.

Au début vous leur en vouliez même de cette frustration. Vous aviez l'impression de ne pas être aimés lorsque, mal réveillés, on vous houspillait pour aller vite à la crèche ou à l'école maternelle.

Plus tard vous avez appris qu'il y avait un lourd loyer à payer, la voiture qui n'était pas encore complètement remboursée, la nourriture, les vêtements et tout le reste. Vous vous êtes rendus compte que vos pauvres parents étaient tellement pris par vos besoins matériels qu'il ne leur restait ni le temps ni l'énergie pour s'occuper de vos besoins affectifs.

Et vous avez grandi avec ces carences, ce grand vide là, dans votre cœur.

Vous avez commencé à mendier un peu d'amour, d'abord aux copains, puis aux amoureux, au sexe opposé, sans vous apercevoir que vous cherchiez à faire étancher votre soif par d'autres assoiffés.

Pourtant, pendant tout ce temps Il était là, au fond de votre cœur, l'Enfant Divin qui est vous et qui ne demandait qu'à vous combler, qui aurait pu vous donner tout l'amour, toute la tendresse, toute la compréhension et la chaleur qui vous manquaient si cruellement.

Nous, vos Frères de Lumière, nous étions là aussi, tout près de vous, les bras tendus pour vous serrer contre nos poitrines, des mots d'amour infini sortant de nos gorges nouées, des mots que vous n'entendiez pas, que vous ne cherchiez pas à entendre.

Te souviens-tu, mon enfant, du jour où, malade, fiévreux, tu te trouvais seul à la maison, triste et déprimé ? Te souviens-tu de l'oiseau qui s'est posé sur le rebord de ta fenêtre et a chanté, en te regardant, les trois notes de son chant qui voulaient dire « Je suis là » ? C'était peut-être moi, ou un autre Maître, un ange qui essayait de te consoler.

Mais toi, pauvre petite femme, pauvre petit homme, tu te croyais seul et on ne t'avait pas appris qu'**aucun être en ce monde n'est jamais seul**.

Pour toutes ces raisons il vous est aujourd'hui difficile d'ouvrir ce cœur si souvent meurtri, frustré, malmené. Que vous ayez été l'enfant malade dont je viens de parler ou un autre avec d'autres carences affectives, vous aviez tous refermé vos cœurs pour vous protéger de la souffrance.

Aujourd'hui on vous demande de les ouvrir, de les ouvrir tout grands, de mettre tous vos chagrins passés, tous vos doutes, toutes vos peurs et même vos soucis de l'avenir dans un grand sac imperméable et de nous confier ce sac.

On vous demande de nous présenter un cœur tout neuf, comme si vous veniez de naître. Et en quelque sorte vous venez de renaître, très chers enfants, à une autre vie, une vie d'harmonie, de beauté, de joie, de lumière, d'Amour.

Et dans cette nouvelle vie vous n'avez qu'à vous remplir de toutes ces choses, d'amour surtout, et à vous abandonner, à dépasser tout ce que vous avez vécu jusqu'à présent et à devenir ces êtres transparents, offerts au monde Céleste pour avancer, pour vous élever et élever avec vous la Terre et l'humanité. C'est votre mission, la mission que vous avez choisie.

Vous n'avez rien à craindre. Vous êtes aimés et entourés et vous le savez.

Et il en sera ainsi.

19 - La séparation

Chers enfants, vous avez tant souffert et vous êtes si nombreux encore à souffrir de ce que vous appelez « séparation » !

Or, c'est là une création de votre mental, de votre immersion dans la densité.

Vous vous croyez séparés de ceux qui ont quitté leur corps de chair. Parce que vous ne les voyez plus, ne les entendez plus et ne les touchez plus, vous les imaginez partis très loin. Souvent vous leur infligez ainsi, sans le vouloir, le tourment d'être à vos côtés sans pouvoir vous atteindre, de vous parler sans que vous les écoutiez. Néanmoins, si vous arrivez à faire un peu de silence dans votre tête, à écouter votre cœur, ils peuvent parfois communiquer avec vous.

Vous vous croyez aussi séparés d'êtres chers qui habitent une autre ville, un autre coin de la Terre, peut-être un endroit où les services postaux laissent à désirer, où le téléphone fonctionne mal.

Je vous dis que vous devriez changer d'optique. D'une part, je peux vous citer des exemples d'êtres qui habitent la même maison, le même appartement, et qui sont devenus des étrangers. Vous en connaissez sans doute. Que c'est pitoyable !

Par contre, il y a des êtres vivant à des milliers de kilomètres, qui s'écrivent peu et se parlent au téléphone environ une fois par mois, en vitesse car les appels éloignés coûtent cher, mais qui sont unis par le cœur, par la vraie fraternité. Ils découvrent, au cours de ces contacts brefs, qu'ils n'ont presque pas besoin de parler, que chacun d'eux sait ce que l'autre pense et ressent. Ils constatent avec bonheur qu'ils ont fait des chemins parallèles et se sont retrouvés au même point.

Ils comprennent alors que la communication entre deux âmes se passe de paroles, qu'elle n'exige pas de moyens matériels, qu'elle ne dépend ni du courrier postal ni du téléphone, mais de la quantité d'amour dans leurs cœurs, de leur foi, de leur confiance.

Non, chers enfants, **ceux qui s'aiment d'un amour vrai ne se séparent jamais, car l'amour est au-delà du temps et de l'espace, plus fort que ce que vous appelez « la mort », plus fort que tout.**

Si vous croyez encore à la séparation, cela veut dire que votre mental est omniprésent. Domptez-le. Avec amour, faites-lui comprendre que son rôle n'est pas de tout commander mais simplement d'analyser, de retenir, de déduire, le tout soumis au contrôle de l'âme. Et qu'il cesse de s'immiscer dans des domaines qui ne lui appartiennent pas, pour ne pas freiner votre avancée.

Et puis, la simple logique apprendra à ceux qui nous canalisent, qui nous contactent, qui dialoguent avec leurs Frères de Lumière ou ressentent seulement leur présence, leur énergie, leurs couleurs, qu'ils peuvent aussi bien entrer en contact avec leurs chers disparus, au besoin avec l'aide d'un Maître. Naturellement, vos messages doivent être plus sérieux que demander à la tante Agathe où elle a caché sa bague de rubis avant de quitter son corps. Vous vous en doutiez, n'est-ce pas ?

Il en va de même pour vos amis qui sont loin. Le fait

d'être incarnés ne les empêche pas d'avoir une âme, d'être une âme. Et vous pouvez lui parler, directement, sans passer par le corps physique. Elle vous répondra. Vous recevrez sa réponse en votre cœur, si vous vous adressez à elle dans l'amour inconditionnel.

Alors, à partir de ce jour, je vous invite à cesser de croire à la séparation. Communiez avec ceux qui sont loin et avec ceux qui ont quitté le plan terrestre, dans l'amour, dans la joie, dans la fraternité vraie qui ne connaît ni temps ni distance.

Et vivez dans l'éternité, dans l'éternel présent.

20 - L'Accélération de votre ascension

J'ai récemment annoncé à quelques petits groupes que parmi eux certains allaient bientôt se trouver stabilisés sur des plans plus élevés. Que signifie ceci ?

Simplement que quelques êtres, disposant de plus de temps ou de conditions favorables à leur percée, se sont entièrement consacrés à celle-ci. Ils s'y sont mis avec tant de détermination, tant d'enthousiasme, que leur avancée s'est faite en démolissant d'un geste toutes les barrières, tous les obstacles. Et à présent ils sont prêts à venir travailler avec nous, à nos côtés, sur nos plans.

Devront-ils quitter la Terre pour autant ? Je vous le répète, absolument pas. C'est au contraire sur votre planète que nous avons besoin d'eux, que nous avons besoin de vous tous, chacun en son temps, comme Maîtres et instructeurs de l'humanité.

Sous une apparence ordinaire, du moins pour ceux qui ne voient pas plus loin que le physique, ils auront quand même acquis des qualités spéciales, telles le don de guérir, la parole qui touche au plus profond des cœurs, la présence qui apaise les conflits.

S'il s'agit d'êtres jeunes et en bonne santé, cela passera presque inaperçu. Ce ne sera qu'au moment où, dans quelques petites années, leurs proches les verront comme faisant partie de la famille des Maîtres Ascensionnés, que cela pourra faire des remous. Entre-temps, on les trouvera plus vigoureux, plus joyeux, plus compatissants, plus détendus. Mais peu se poseront des questions.

Ces temps nouveaux, pour ceux qui ont cru en Maître Sananda (Jésus) ou en Bouddha par exemple, seront l'accomplissement d'une promesse, le retour du Sauveur, du Seigneur en Qui ils ont toujours placé leurs espoirs. Par contre, ce que ces espoirs n'ont pas prévu est le rôle primordial que nous donnerons à nos Maîtres en incarnation.

Nous œuvrerons avec eux ou à travers eux. Et pas seulement parce que le temps nous est compté et que nous avons la volonté ferme d'aller partout où des êtres nous attendent, c'est-à-dire, jusqu'au cœur des forêts les plus inhospitalières ou des montagnes glacées. Non. Notre intention est de donner à ceux qui ont un rôle majeur dans les événements présents et à venir l'occasion de montrer *Qui ils sont*, pour que toute la Terre sache ce qu'ils ont fait et leur accorde l'amour et le respect qu'ils méritent.

Chacun de vous doit dire « oui » à cette mission, si en conscience il l'accepte. Dites-le maintenant, en votre cœur, et nous le saurons. Ceci accélérera la régénération de vos cellules, de tout votre être, à un point que vous ne soupçonnez pas.

C'est tentant, il est vrai. Mais n'oubliez pas les responsabilités qui seront inhérentes à cette mutation.

Maintenant, supposez qu'un vieux monsieur de plus de 70 ans, un peu sourd et mal voyant, la démarche hésitante, souffrant de bronchite chronique, obtienne ainsi la régénération de tout son corps.

Souvenez-vous qu'en vivant dans l'amour inconditionnel, en renonçant à juger les autres et à vous juger, en pardonnant le passé et en ouvrant la porte à la transformation, vous êtes en train de modifier votre ADN, de rebrancher les 10 brins qui vous manquaient et d'augmenter vos vibrations. Donc, vous perdez cette densité de votre plan actuel, voyez-vous ?

Pour en revenir au monsieur âgé, il surgit un beau jour, jeune et en pleine forme comme un être de 30/35 ans. Plus de problèmes de vue, d'oreille, de bronchite. Il court comme un lapin et n'est jamais fatigué.

Comment réagira son entourage ?

J'aimerais bien que vous me le disiez car moi, en dépit de la sagesse acquise au cours de plusieurs millénaires, je n'en sais rien. Et mes Frères de Lumière n'en savent pas plus que moi. Les émotions et les réactions des humains sur la Terre restent toujours un mystère pour nous.

Et si cet être totalement régénéré était, par exemple, la belle-mère avec qui tu ne t'entends pas très bien, de qui tu es un peu jalouse, ma fille ? Quelles émotions éveillerait en toi le fait de la voir plus jeune et plus fraîche que toi-même ?

Et s'il s'agissait de l'oncle qui vous mettait mal à l'aise, avec son sourire que vous trouviez condescendant alors qu'il n'était qu'indulgent ? Ou bien de la cousine que vous estimiez un peu bête parce qu'elle parlait peu et donnait l'impression de n'avoir d'opinions sur rien ni personne ?

Autrefois, les foules auraient brûlé ces êtres pour sorcellerie, mais en ce début du XXI siècle cela est moins probable. Alors ? Comment croyez-vous que vous réagiriez ?

Un des scénarios les plus plausibles est que la « science » s'en emparerait et commencerait à leur faire des prélèvements de ceci et de cela, pour les analyser, les soumettre à des expériences traumatisantes, même pour des Maîtres, et ainsi de suite jusqu'à ce qu'il n'y ait plus rien à disséquer. Vous avez vu des films où de tels traitements étaient infligés à des extraterrestres. Vous êtes-vous demandé si ce n'était que pure fiction ?

Ou peut-être, chez certains peuples dits « primitifs », on les prendrait pour des saints, voire des dieux, et on leur vouerait un culte aussi fervent que dérangeant, les empêchant d'accomplir leur mission.

Devant toutes ces inconnues, et pour ne pas exposer nos chers Frères et Sœurs à des situations inconfortables ou dangereuses, je crois que le mieux sera de les maintenir à l'écart des curiosités malsaines et des réactions extrêmes. Du moins jusqu'à ce que l'humanité, dans son ensemble, se soit assagie un peu plus et que leur sécurité soit garantie.

Les familles, les proches qui les aiment vraiment, seront sans doute d'accord. Elles qui font tout et forcent le gouvernement, le corps médical, les pompiers et les secouristes à veiller à ce que leurs aînés soient maintenus en vie envers et contre tout, seront sans doute soulagées de les savoir protégés, à l'abri des curiosités morbides qui pourraient leur nuire.

Et la « science » comprendra-t-elle qu'il n'y a rien à trouver dans ces corps physiques qui explique leur mutation, qu'il s'agit des vibrations élevées de l'amour inconditionnel qui peuvent TOUT transformer, tout transmuter ?

Ce changement de point de vue de toute l'humanité est entre vos mains, très chers enfants. Plus vous rendrez grâce à ce qui est et à ce qui n'est pas, plus vous apaiserez les mémoires et les énergies du passé et plus vous contribuerez à l'avènement d'un futur d'harmonie pour tous.

Qu'il en soit ainsi.

21 - La Loi de la non-loi

Comme un Maître vous a dit à propos de la non-souffrance[2], la non-loi n'est pas à assimiler à l'expression « sans loi ». Vous comprenez qu'un monde sans loi est un monde à la dérive, un monde de chaos, soit tout le contraire de ce qui est en préparation.

La non-loi n'est donc pas une absence de loi mais une loi en évolution rapide, aussi rapide que l'évolution de l'humain sur la Terre en ce moment, en croissance accélérée. Tellement rapide qu'elle n'a pas le temps d'être écrite.

C'est l'adaptabilité, c'est la mouvance qui se fait de façon harmonieuse, dans le respect et l'amour de tous et de tout. C'est se centrer en soi, en son Soi Divin, et Lui faire confiance.

Il est facile de se rendre compte que des lois rigides seraient de plus en plus inappropriées pour encadrer des êtres qui s'élèvent à un rythme croissant. Ainsi donc, la non-loi est la loi d'Amour, en transformation continuelle. Elle est l'équilibre dans le déséquilibre, l'ordre dans le désordre. Et si cela vous semble difficile à comprendre, votre cœur, lui, le sait de toute éternité.

Je pense donc que vous êtes en train de saisir la si-

---

2 *Cf. Vers un Monde de Non-Souffrance*, Marlice d'Allance, éditions Hélios.

gnification de tous ces « non » et leurs différences par rapport aux « sans » du langage courant. Soit :

Sans = absence   Non = dépassement

La non-loi est par conséquent cette loi en mouvement, tout comme le non-temps est l'éternel présent et le non-positionnement correspond à la souplesse, à l'adaptation avec grâce et aisance à la création continuelle dans l'Univers et en vous.

Méditez bien sur ceci. C'est très important pour votre avancée et pour celle de l'humanité dont vous êtes les guides et les phares.

En vous laissant pénétrer par ces concepts, en adoptant ces nouvelles manières d'être, vous rendez votre chemin beaucoup plus facile. Ce qui exigeait de grands efforts dans le passé peut aujourd'hui être accompli vite et dans la joie.

Bien entendu, les Lois Universelles et les Lois de Fraternité restent immuables. Il vous sera toujours demandé de respecter et aimer votre Créateur et vos Frères sur tous les plans. Il sera toujours attendu de vous que vous traitiez l'autre comme vous aimez être traités, que cet autre soit un Maître, un ange, un humain comme vous ou un représentant d'un des règnes que vous estimez inférieurs.

C'est donc tout le reste qui change, qui sera créé et recréé au fur et à mesure que vous vous transformerez et transformerez la planète.

A titre d'exemple, parlons de votre nourriture. Depuis quelque temps, des semaines, des mois ou plus, votre corps vous demande peut-être un nouveau type de nourriture. Ecoutez-le.

Je ne vais pas vous faire un cours de nutrition. Chacun de vous est unique, vous le savez bien maintenant, et les besoins nutritionnels varient selon votre constitution physique et votre chemin personnel.

Donc, à part vous mettre en garde contre des aliments altérés ou privés de force vitale par plusieurs jours de transport ou sur les étals, je ne vous demande que d'accorder un peu plus d'attention à ce que votre corps physique essaie de vous faire comprendre et qui, je le répète, n'est pas la même exigence pour tous.

Là aussi, ce qui vous convient aujourd'hui deviendra trop lourd et sera mal assimilé demain ou la semaine prochaine. Adaptez-vous, coulez-vous dans la mouvance, ne vous accrochez pas à ce régime ou à cet autre parce qu'hier ils étaient en harmonie avec ce que vous étiez. Car hier est le passé, qu'il soit récent ou lointain.

Et je suis sûr que vous avez déjà compris que « récent » et « lointain » ne veulent plus dire grand chose.

Parmi vous, il y a des êtres qui se trouvent encore sous l'influence, bonne ou mauvaise, d'événements qui se sont déroulés des millénaires avant votre temps présent. Je leur conseille vivement de s'atteler à dénouer leurs liens karmiques pour renaître à leur nouvelle vie.

Par ailleurs, certains dépassent joyeusement toutes les difficultés, même celles rencontrées la veille ou une heure plus tôt. Ces derniers sont déjà en train d'appliquer les nouvelles clés à leur vie quotidienne. Ils rendent grâce, dans l'amour et sans jugement, à tout ce qui est et tout ce qui n'est pas, puisque tout a sa raison d'être. Et si vous ne pouvez pas voir cette raison, souvenez-vous du point de vue de la puce et du manque de perspective.

Ainsi ces êtres absolvent le passé, reconnaissent le présent et ouvrent la porte à la transformation.

Ce sont ces derniers qui tissent déjà la trame de Lumière qui va nous unir tous, nous, des plans non-manifestés, et vous, des plans manifestés, pour créer cette tapisserie aux couleurs somptueuses de la Nouvelle Terre.

Il en sera ainsi, car les forces d'Amour/Lumière/Énergie déjà en place sont assez puissantes. Tout ce que je souhaite du fond de mon cœur débordant d'amour pour vous est :

Puissiez-vous en faire partie, tous et chacun de vous.

22 - Le Pardon

Je sais bien que ce sujet a été traité en long et en large dans plusieurs ouvrages, que tous les Maîtres et Êtres de Lumière qui communiquent avec vous l'ont mentionné et répété maintes et maintes fois. Souffrez pourtant que j'y revienne et croyez que j'ai mes raisons pour le faire.

Il serait logique que tous ceux qui s'acheminent vers la Lumière se soient appliqués depuis quelque temps déjà à pardonner tout et à tous, et surtout à vous-mêmes.

Pourtant il est certain que quelques-uns d'entre vous, et pas seulement des « novices », éprouvent encore beaucoup de difficulté à pardonner. Souvent, à votre insu, ce n'est pas tant les torts que l'on vous a causés qui vous restent en travers de la gorge (d'où des maladies de cet organe). Ce sont les erreurs et les agressions commises par vous-mêmes envers ces êtres que vous n'arrivez pas à *leur* pardonner.

L'autre étant votre miroir, il est un fait que ses défauts ou prétendus défauts vous renvoient une image de vous qui ne vous plaît pas, qu'elle corresponde à ce que vous êtes aujourd'hui ou à ce que vous étiez hier.

Et vous nourrissez dans votre sein des rancunes, des griefs contre quelqu'un ou contre la vie en général qui nuisent à votre santé et empêchent ou freinent votre avancée.

Chers enfants, de grâce, changez tout cela. Car vous pourriez connaître par cœur tous les écrits sacrés de toutes les religions, ceux des nouvelles énergies, plus toutes les prophéties sur les temps qui approchent, mais sans l'attitude positive, la foi, la confiance en vous et en nous, sans l'amour inconditionnel, à quoi cela vous servirait-il ?

Vous êtes comme ces fumeurs qui, pendant des heures, emplissent de la fumée de leurs cigarettes une salle fermée et ensuite se plaignent que l'air dans cette salle devient irrespirable.

Si vous ne faites que concevoir des pensées négatives, si vous vous complaisez dans le rôle de victimes de tout et de tous, comment voulez-vous attirer à vous des expériences positives ? Faut-il vous répéter encore une fois que **vous créez votre avenir et qu'il sera à l'image de vos pensées, vos paroles, vos actes ?**

Pourquoi attendre que votre entourage, ou les Pères, les Maîtres vous apportent le bonheur et la plénitude, alors que vous tissez votre futur d'un fil sombre à chaque instant ?

Au lieu de ressasser les déboires que la vie vous sert, pourquoi ne pas commencer par goûter ce qu'il y a de bon dans cette même vie ? Je suis sûr que vous y trouveriez plus que vous ne le soupçonnez.

Pourquoi ne pas commencer à vous appuyer sur ces points positifs pour les étendre, petit à petit, à toute la toile de votre destinée ?

Et pourquoi ne pas regarder ce qui vous paraît négatif comme s'il s'agissait d'un défi à relever, d'une occasion de prouver votre vaillance, de grandir par le dépassement de soi ?

Ces épreuves, vous les avez choisies avant de vous incarner, votre âme courageuse les a voulues parce qu'elle savait combien elles pourraient vous être utiles. Et si vous les trouvez trop dures, demandez-nous de vous soutenir, de vous nourrir des énergies nécessaires à ce dépassement.

Je ne veux pas m'étendre sur ce sujet. Je sens que vous êtes nombreux à trépigner d'impatience. Il fallait cependant le dire pour que des êtres merveilleux ne sombrent pas dans un désespoir stérile.

Je conseille seulement, à tous, de créer en vous et autour de vous amour, beauté, harmonie. Rappelez-vous que ceux qui ont beaucoup reçu sont ceux qui doivent davantage le faire fructifier, pour eux et pour toute la planète.

Qu'il en soit ainsi.

23 - Le Souffle

C'est là aussi un sujet qui a déjà fait couler beaucoup d'encre, et pas seulement dans les derniers temps. Une de vos vieilles maximes dit que « le souffle est la vie ».

Et la coutume de mettre un miroir devant le nez ou la bouche d'un moribond pour vérifier s'il respire encore, donc s'il vit, illustre bien cette notion.

Nous, de notre côté, ne cessons de vous conseiller de bien respirer, de bien remplir vos poumons d'air et de les vider aussi complètement.

Néanmoins, on est loin d'avoir épuisé le sujet. Aujourd'hui je veux vous présenter un aspect encore mal connu de l'art de respirer.

Vous savez déjà qu'en inspirant vous pouvez vous relier au Monde Céleste et en expirant vous relier au Souffle de Vie de la Terre. Ceci, les baleines et les dauphins pourraient vous le dire, si vous compreniez leur langage, eux qui doivent être conscients de leur respiration à chaque instant.

Nous vous l'avions indiqué d'une façon abrégée, puisqu'en réalité il s'agit de respirer profondément et en conscience, en ouvrant votre cœur tout grand pour y accueillir le Souffle Divin.

A l'inspiration, longue et lente, vous vous déployez pour monter jusqu'à la Source et unir consciemment votre souffle au Souffle Divin. A l'expiration vous vous unissez au Souffle de Vie de la Terre.

En faisant ceci pendant quelques minutes, vous attirez le Souffle Divin en vous et l'unissez au Souffle de la Terre qui monte aussi en votre coeur. Et de ces énergies contraires, naît en votre cœur ouvert et rempli d'amour, une harmonie nouvelle.

Il vous est alors accordé le don de vous guérir, d'apaiser la planète, de guérir la souffrance de l'humanité. Vous devenez ainsi ce que vous avez toujours été au plus profond de vous : des co-créateurs divins, capables de tout transformer, de tout créer ou recréer.

Mais souvenez-vous qu'il faut garder votre cœur grand ouvert et débordant d'amour. C'est la condition essentielle pour obtenir toutes les transmutations. L'Amour avec majuscule, l'amour de vous et de toute la Création, l'amour pour le Créateur qui vous permet d'intégrer en vous Son Souffle.

Votre cœur, relié aux nôtres, sera l'athanor où se produira l'alchimie divine de laquelle sortira la Nouvelle Terre. Sachez qu'un seul être totalement ouvert, dans l'amour inconditionnel et en conscience peut, par cette simple opération, apaiser toute la Terre et changer toute l'humanité.

Refuseriez-vous de devenir cet être ? Vous qui vous souciez tant des guerres, des injustices, des atrocités commises partout dans le monde ?

Non, ne me répondez pas. C'est à vous et à vous seuls, à l'Enfant Divin qui vous habite, qu'il faudra répondre.

Nous, sur nos Plans Élevés, vous aimerons de toute façon et ne vous abandonnerons jamais, même si votre choix est de passer encore quelques milliers d'années sur une planète dans l'ombre.

Mais quelle joie sera la nôtre si vous vous appliquez à cette tâche, si vous réservez ne fut-ce que quelques minutes de vos journées pour œuvrer, dans le non-faire, à cette transformation, la vôtre avant tout, puis celle de l'humanité et de la Terre !

Et que Lumière, Paix et Amour Divins soient vos outils dans cette œuvre divine.

24 – Les Miracles

Depuis plusieurs millénaires, les êtres humains dans la 3e dimension ont eu besoin de miracles pour croire en des choses qui sont pourtant gravées au fond de leur mémoire ancestrale, des choses qui ne demandent qu'à être réveillées.

Il est important de définir à quoi vous vous référez lorsque vous parlez de miracles. Il ne s'agit ni plus ni moins que de ces faits, ces manifestations pour vous inexplicables, car elles font appel à des lois autres que celles que vous connaissez.

Sur nos plans non-manifestés, soit on peut dire que tout est miracle, soit on estime que tout est naturel. Autant les phénomènes se produisant à un niveau qui vous est connu, habituel, ou à un niveau plus élevé. La naissance d'un enfant est un miracle, tout comme l'éclosion d'une fleur, le lever du soleil, le sourire d'un inconnu qui vous réchauffe le cœur quand vous êtes d'humeur morose. Mais aussi la pluie bienfaisante sur la terre assoiffée, l'explosion de vie de la Nature au début du printemps, une douce brise par temps chaud, le regard tendre d'un chien ou d'un chat. Ou encore un livre qui semble écrit rien que pour vous, un air de musique, un poème et tant d'autres choses qui sont là pour adoucir votre vie, pour vous sortir de vos soucis, de vos chagrins, de vos doutes.

Ah, les doutes ! Qu'il est dur de s'en débarrasser !

Prenez, par exemple, ce qui arrive parfois dans un sanctuaire, un jour de pèlerinage. Il y a là des centaines de malades, venus dans l'espoir d'être guéris. A la fin des cérémonies, l'un d'eux a été guéri et pas les autres. Pourquoi ? Le Créateur serait-Il injuste ?

Non. Souvenez-vous qu'il n'y a pas de hasard, que tout, absolument tout a sa raison d'être. Cette raison peut ne pas sauter aux yeux, mais elle peut aussi bien se montrer facile à comprendre.

Supposez que la maladie est en train de permettre à ces centaines d'êtres d'évoluer, d'avancer rapidement sur leur chemin. Supposez qu'ils l'ont voulue, dans la sagesse de leurs âmes, parce qu'ils savaient le bien qu'elle allait leur apporter. Dur à accepter pour les matérialistes, n'est-ce pas ? Pourtant l'âme, avant de s'incarner, ne fait pas ses choix en fonction des avantages matériels qu'elle pourra obtenir, mais de son bien suprême.

Ou alors il se pourrait que le seul qui a été guéri ait eu une foi et un amour total et inconditionnel que les autres n'auraient pas encore atteint.

Lorsque Maître Sananda marchait sur la Terre, il a guéri de nombreux malades, comme vous savez. A une femme qui le remerciait, il a dit simplement : « Ta foi t'a guérie. »

Un rôle prépondérant était ainsi accordé par ce grand Maître à la foi de chacun, qui permet au Monde Céleste d'œuvrer en lui.

Un être totalement rempli d'amour, totalement confiant en son Père Éternel, peut faire toute sorte de miracles. Vous avez connu ou entendu parler de tels êtres, aussi bien en Occident qu'en Orient. Ils sont venus vous donner l'exemple de ce que VOUS pouvez faire et obtenir.

Vous les avez appelés dieux, vous les avez mis sur des autels, dans des temples. Mais ce qui est triste est que vous les ayez relégués à un espace où vous venez les saluer de temps en temps, les considérant comme des êtres faits d'autres substances que vous-mêmes. Et pourtant c'était dans vos cœurs qu'ils voulaient vivre, partageant vos bons et vos mauvais moments, vous consolant de vos souffrances, allégeant vos fardeaux, vous prenant dans leurs bras ou sur leurs dos pour vous aider à gravir les marches de votre ascension.

Avez-vous à présent changé votre attitude ? Croyez-vous sincèrement aujourd'hui que les prophètes et les messies sont bien vivants et n'attendent que vos appels ? Etes-vous maintenant sûrs qu'en mettant vos pieds dans les traces de leurs pas vous pourrez accomplir TOUT ce qu'ils ont accompli ?

Le jour où vous pourrez tous répondre par un « Oui » bien sincère à ces questions, mes enfants, la Terre sera redevenue un paradis.

25 - Les religions

Voici un sujet des plus délicats à traiter, car il soulève les passions et réveille les énergies de profondes souffrances morales et physiques vécues jadis.

Pourtant il faudrait maintenant que les hommes et les femmes commencent à se libérer du poids du passé, dans ce domaine comme dans les autres. Il faudrait qu'ils décident de soumettre croyances et superstitions, vérités et contre-vérités, au critère de leurs cœurs. Car leurs cœurs savent distinguer les vérités basiques qui ont créé chaque religion du fatras de mauvaises traductions, d'interprétations mutilées et mutilantes, mais aussi de rajouts arbitraires qui habillent aujourd'hui les religions. Voyez-vous, toutes les religions ont eu leur origine dans ce besoin profondément enraciné dans l'être humain de croire en quelqu'un ou quelque chose qui le transcende.

Bon nombre de vos philosophes se sont penchés sur ce besoin, l'interprétant à leur tour de façons diverses en des traités plus ou moins longs et érudits. Mais la vérité est bien plus simple que l'on a cru : l'être humain est un Enfant Divin qui a la nostalgie de sa vraie nature, de son vrai Foyer. Coupé de sa Source, il a créé des moyens parfois naïfs ou même cruels, inspirés directement du Monde Céleste ou des envoyés des Plans Élevés, qui devaient lui permettre l'accès à cette autre dimension dont il se croit éloigné, consciemment ou inconsciemment. Et cela a donné les religions.

Dire que les religions sont obsolètes de nos jours équivaut à priver ceux qui sont encore dans les anciennes énergies (pas si anciennes que cela) du seul support, de l'unique refuge qui leur reste contre la folie des hommes et les révoltes de la Terre Aussi, ne faut-il pas mépriser ou bannir d'un revers de main les religions traditionnelles. Elles contiennent encore de puissants symboles, très efficaces pour ceux qui les appliquent avec foi et un cœur pur. Souvenez-vous que rien n'est à rejeter mais tout est à harmoniser.

Supposons que vous aviez chez vous un plateau en argent massif, qui aurait atterri au grenier et se trouverait couvert de poussière, à tel point qu'il serait méconnaissable. Le jetteriez-vous ? Certainement pas. Vous le libéreriez de sa gangue de saleté, vous l'astiqueriez bien, et si vous appréciez les belles choses, vous le mettriez bien en vue sur un meuble. Pourquoi ne pas faire de même avec votre religion ? Les seules tâches à nettoyer à fond, pour les extirper de cet objet précieux, seraient l'intolérance et le mensonge.

Ceux qui n'obéissent à aucun courant religieux sont également concernés par ces questions. Inutile de dire : « Ce chapitre ne me regarde pas. » « Je vous réponds : « Oh, que si ! »

Ils ont, tout comme les autres, la responsabilité de nourrir leur âme. Et pour cela ils disposent à présent d'une nourriture saine, fraîche, venue directement des Plans Célestes. Une nourriture que l'on pourrait appeler *biologique*, car elle ne contient aucun ingrédient qui ne soit assimilable et bénéfique pour vous ; non seulement pour vos âmes, mes chers enfants, mais aussi pour vos corps, lesquels se trouvent en bien meilleure santé lorsque votre âme est dans la paix, la lumière, l'amour, la joie.

Et je peux vous affirmer, de par mon expérience, que ceux qui s'estiment incroyants sont souvent plus ouverts à la vérité que ceux qui s'accrochent à leurs soi-disant « traditions » et les défendent bec et ongles contre ce qu'ils ne veulent pas voir ni entendre.

Pour ces derniers nous ne pouvons pas faire grand chose, si ce n'est les aimer, rendre grâce à ce qu'ils sont et à ce qu'ils ne sont pas, en espérant que la Lumière Divine pénétrera bientôt dans ces cœurs fermés.

La religion la plus ouverte, celle qui constitue un pont facile à traverser pour atteindre les nouvelles énergies, celles de la Nouvelle Terre, est sans aucun doute le bouddhisme. Surtout le bouddhisme le plus pur, celui qui était jusqu'au siècle dernier pratiqué au Tibet et dans les environs.

Cette pureté vient peut-être du fait que ces régions étaient difficilement accessibles et se sont donc maintenues à l'écart des « progrès » des autres civilisations.

Nous, les gardiens de cette pureté, avons dû permettre une invasion barbare et d'indicibles souffrances pour tout un peuple innocent, qui l'avait cependant accepté dans la générosité de son âme, afin que cette spiritualité soit mise en lumière devant toute l'humanité, comme un exemple connu et respecté de tous.

Ceci ne veut pas dire que tout le monde devrait se convertir au bouddhisme. Simplement que tous ceux qui ont des yeux et des oreilles voient, comprennent et suivent l'exemple de non-violence, de tolérance, d'amour que ce petit pays donne au monde.

Face à l'injustice et à l'oppression, tous les êtres de bonne volonté, partout dans le monde, se sentent un peu tibétains.

Cela les élève tous de quelques crans vers une dimension supérieure.

26 - La Transhumance

J'ai déjà eu recours à l'image de troupeaux et de bergers, laquelle est loin d'être neuve, il est vrai. Mais elle a toujours la faveur du public, peut-être par son caractère proche de la Nature et compréhensible pour tous.

Imaginez un immense troupeau prêt à quitter le bercail pour aller goûter l'herbe verte et le bon air de l'altitude. C'est un troupeau tellement grand que ni ceux du sud de l'Argentine ni ceux de Nouvelle-Zélande, ni même les uns et les autres ensemble ne peuvent se comparer à lui.

Avant de se mettre en route, les bergers vétérans réunissent les apprentis et les initient au métier, patiemment, pendant le temps nécessaire.

C'est ce que nous, les vétérans de l'Élévation, sommes en train de faire en ce moment. Pas pour longtemps toutefois, car nos élèves sont brillants, déterminés et courageux. Nombreux sont ceux qui ont avancé si vite que toutes nos prévisions ont été dépassées.

Les voici à présent, tout près de la grande porte du bercail, impatients de se retrouver Là-Haut, dans les vertes prairies où tout est harmonie et pureté.

Ce n'est plus le moment d'avoir des doutes, des peurs, des réticences. Il y a un travail à faire, un travail qu'ils ont choisi dans l'enthousiasme, avec un cœur généreux et grand ouvert. Il y a un troupeau qui attend, qui mourrait de faim sans le dévouement de ses guides.

Après un long hiver, sombre et froid, les portes vont s'ouvrir et les nouveaux bergers, qui ne sont plus des apprentis mais des Maîtres confirmés dans leur mission, vont se mettre à la tête du troupeau et l'inciter à avancer par des cris joyeux.

Non, il n'est plus l'heure de traîner les pieds, de se dire que l'on a telle ou telle chose à faire avant le départ, que l'on ne veut pas laisser en arrière le ou la fiancé(e), la vieille mère, les amis, l'équipe de football ou autres liens. Cela, ils ont eu amplement l'occasion de le peser, de le mesurer, de le décider.

Donc, s'ils sont encore dans le groupe, s'ils ont franchi toutes les étapes de la formation, si tous les obstacles mis sur leur route par la vie, la famille, la société n'ont pas été assez forts pour briser leur volonté, c'est que vraiment ils se **savent** concernés.

Alors, réjouissez-vous, mes doux enfants, mes bergers de l'immense troupeau appelé humanité, car votre heure est venue.

Vous êtes tous prêts. Un trésor inépuisable de sagesse, de connaissances et de pouvoir gît au fond de votre cœur. Allez le chercher. Votre divinité fusionne rapidement avec votre humanité et votre Corps de Lumière brille de mille feux visibles jusqu'aux Plans Célestes.

Ici, vous êtes admirés, respectés, aimés. Nous savons que vous allez triompher, vous qui avez franchi avec grâce et aisance tous les nombreux portails qui se sont présentés sur votre route ces dernières années. Nous vous faisons entière confiance.

Ceux parmi vous qui ont plus vite assimilé les leçons

et mieux appris à conduire le troupeau n'attendront pas l'ouverture des portes et la sortie de chaque brebis. Ils iront devant pour se poster aux points stratégiques, aux endroits où il y a danger que l'une ou l'autre brebis s'égare, attirée par un pâturage qui lui donne l'impression d'être plus vert, plus tendre. Certains sont déjà en route, qu'ils en aient conscience ou pas.

Peut-être ont-ils besoin que quelqu'un leur dise de s'arrêter un moment, de regarder en arrière pour s'apercevoir du chemin parcouru, de la proximité de la montagne qui est leur but. J'aimerais être celui qui, avec amour, tape sur leur épaule et leur annonce qu'ils vont arriver incessamment.

Ne vous souciez pas de votre entourage. Votre rayonnement va le changer, le faire briller, lui aussi, de toutes ses lumières. Peut-être l'avez-vous déjà remarqué. Peut-être vous êtes-vous aperçus que cet enfant qui vous causait du souci s'ouvre en ce moment comme une belle fleur, que la maman malade va beaucoup mieux et que le frère chômeur a trouvé un travail qui lui convient.

Croyez-vous que c'est le hasard qui fait tout cela ? Oui, bien sûr, si par « hasard » vous voulez dire le Père/Mère/Créateur ou la Divinité à l'intérieur de vous. Votre langue, n'étant plus habituée à Le mentionner, se sert ainsi d'un subterfuge, n'est-ce pas ? Vous avez presque honte de Le reconnaître et de vous reconnaître comme partie de Lui. Pour cela également il n'est plus l'heure.

Une fois encore, soyez rassurés, mes doux enfants. Vous n'abandonnerez rien ni personne. Dès que vous aurez traversé le dernier portail, après la grande fête qui célébrera votre retour à votre vrai Foyer, c'est vous qui choisirez ce que vous voudrez faire ensuite. Et si votre souhait est de retrouver votre famille de la Terre et de contribuer à la totale guérison de la planète, vous y reviendrez quand vous le désirerez, mais combien plus aptes à être pour tous des guides, des protecteurs, des anges gardiens !

Vous êtes déjà une bénédiction pour tous ceux qui ont la chance de vous rencontrer, mais bientôt vous serez bien plus que cela, une Source-Relais de bénédictions sans fin.

Et que votre Volonté soit faite !

Je voudrais encore vous préciser que ce message est transmis à ma chère collaboratrice le 20 mai, jeudi de l'Ascension, pour ceux qui sont attentifs à nos signes.

27 – La lumière au bout du tunnel

Ceci n'est pas non plus une image nouvelle, mais si j'apprécie le style aéré qui est pour vous agréable à lire, je ne suis pas là pour surprendre ni pour créer une œuvre littéraire, vous vous en doutez.

Ce tunnel est long, si long qu'il ne se mesure pas en kilomètres mais plutôt en siècles, en millénaires. Si long que l'on n'a commencé à en voir la fin que depuis moins de vingt années seulement. Si long que les êtres qui le parcourent ont fini par oublier qui ils sont, où ils vont. Une partie de ces êtres ne pourrait même plus dire si elle avance ou si elle recule.

Dans ces conditions, et pour briser la monotonie, l'ennui d'un voyage aussi prolongé et apparemment sans but, des êtres souvent venus de l'ombre ont inventé des distractions « pour aider à passer le temps », disent-ils.

Si au moins on profitait des galeries placées ça et là pour aller contempler la Nature environnante, les arbres, les fleurs, les animaux, les étoiles, tout ce qui fait la vraie Vie, pour communier avec elle, on arriverait à garder un peu d'humanité.

Mais si quelques-uns cherchent à présent ce contact, l'immense majorité dans les pays dits « civilisés » reste enfermée dans son tunnel et ne se pose même plus les questions existentielles qui suscitent des réponses salvatrices.

Ils ont la télévision, la radio, les cinémas, des sons parfois très agressifs qu'ils appellent « musique », des restaurants où ils se nourrissent souvent mal de choses mortes ou adultérées. C'est vrai qu'il y a, mélangé à tout cela, quelques belles images, quelques notions utiles et des vérités, mais au milieu de tout un mélange de faux principes, fausses idées et techniques destinées à vous maintenir dans l'oubli de votre vraie identité, à vous garder bien loin de votre Être Divin, soumis et disposés à vous laisser exploiter.

Vous ne me croirez peut-être pas si je vous dis qu'une grande partie des êtres qui circulent dans ce tunnel n'a même pas encore aperçu la Lumière qui est là, au bout, et qui marque la fin de ce simulacre de vie.

Il serait temps qu'ils la voient, qu'ils se réveillent de leur longue léthargie, sans quoi ils vont se retrouver en pleine lumière, éblouis, déboussolés, incapables de trouver des repères et de voir les guides qui leur montrent le chemin. Il y en aura qui seront tentés de revenir en arrière, dans la *sécurité* de leurs habitudes, de leurs distractions fictives, de leur esclavage, y compris ceux qui se sont battus pour la liberté. Mais savaient-ils seulement tout ce que ce mot implique ?

Ces dormeurs, ces êtres timorés qui préfèrent la misère connue et subie au long des siècles à un saut dans l'inconnu, comment faire pour les réveiller ?

Ils se trouvent jusque dans les rangs des Artisans de la Lumière, de ces êtres qui ont tant insisté pour s'incarner sur la Terre en ce moment et ont signé sans la moindre hésitation un contrat de mission pour cette vie. Il y a hélas ! encore quelques uns qui sommeillent.

La planète est déjà rentrée dans la 4e Dimension et entre-temps ils lambinent encore, ils préfèrent à leur travail primordial le film que l'on donne ce soir à la télé, le dîner chez des amis, le match de football ou de rugby.

Ils sont capables de veiller jusqu'à 3 ou 4 heures du matin pour assister en direct au Grand Prix de Formule 1 de tel ou tel pays, mais ils bouderont la réunion de leur groupe de méditation pour ne pas perdre une heure de sommeil ou parce qu'ils se sentent fatigués après un travail abrutissant. Ils savent pourtant que nous les remplissons d'énergie dès qu'ils viennent à nous.

Ceci n'est pas un blâme. Je ne les juge pas. De ce côté du voile ils sont inconditionnellement aimés et jamais jugés. Nous nous demandons néanmoins comment les arracher un instant à leurs préoccupations mondaines ou à leurs loisirs pour les amener à accomplir leur part de cette immense œuvre collective qu'est l'Ascension de la Terre et de l'humanité.

Les temps tels que vous les avez connus touchent à leur fin. Une nouvelle ère, une Nouvelle Terre sont sur le point de naître. Réveillez-vous et prenez part à cette naissance. Faites-le tout de suite, pas la semaine prochaine ou même demain. **Bientôt il sera trop tard.**

Il n'y a plus que quelques mètres avant le bout du tunnel. La Lumière est là, lueur d'espérance et de joie pour ceux qui sont éveillés, projecteur aveuglant pour ceux qui dorment encore.

L'Amour vous appelle. Votre Père/Mère/Créateur vous attend. LE feriez-vous attendre plus que le temps strictement nécessaire pour couvrir la petite distance qui vous sépare encore de LUI ?

Puisque vous disposez du libre arbitre, malgré tout notre désir de vous secouer un peu pour que vos yeux s'ouvrent enfin, nous ne pouvons que dire, avec confiance en la générosité de vos cœurs, en la sagesse de vos âmes :

Que votre volonté soit faite.

28 - Les Enfants des etoiles

Je pense que vous savez à présent *Qui vous êtes*, que vous avez rencontré ou du moins ressenti au fond de votre cœur l'Être Divin qui attendait là, à l'état de fœtus, que vous le nourrissiez de votre amour et lui donniez ainsi l'opportunité de s'épanouir, de respirer, de vivre, pour son bien et surtout pour le vôtre.

Vous avez peut-être déjà en partie fusionné avec lui et chaque jour vous lui donnez un peu plus de place dans votre vie. Ceci vous conduit à apprécier tous les bénéfices qu'il y apporte, non seulement en vous mais autour de vous.

Je me répète il est vrai, mais je ne peux m'empêcher d'attirer votre attention une fois de plus sur des choses que vous n'aviez peut-être pas remarquées auparavant ; les mots justes au moment juste qui exigeaient tant d'efforts et maintenant coulent de source sans que vous ayez à réfléchir ; l'impact de votre sourire ou de votre regard sur vos semblables, y compris les inconnus croisés dans la rue ; la facilité grandissante que vous éprouvez à vous remettre de vos contrariétés, de vos déceptions ; cette joie sans motif apparent qui vous amène à vous lever le matin en fredonnant une chanson ou à rire quand vous cassez une tasse de porcelaine, au lieu de vous taxer de maladroit ou pire encore. Complétez vous-mêmes cette liste, car je ne pourrais pas énumérer ici tout le large éventail de vos émotions et réactions.

Je suis sûr que l'amour pour votre Terre, qui sans doute était depuis toujours présent en vous, s'est accentué ces temps-ci, que vous éprouvez de plus en plus fort le désir de l'aider à guérir et à prendre son envol.

C'est bien normal qu'avec votre prise de conscience croissante grandisse votre attachement à votre planète, à celle qui vous a portés, bercés, aimés et a supporté vos caprices et méfaits avec une magnifique indulgence.

Il est encore normal que, devenant enfin adultes, vous souhaitiez à votre tour la protéger et panser ses plaies. La plus élémentaire gratitude, la simple reconnaissance de tous les bénéfices reçus exige de vous qu'au moment où, à son tour, elle a besoin de votre amour, de votre dévouement, vous soyez prêts à vous précipiter à son chevet.

Néanmoins, au delà de tout ceci et sans en dévaloriser une virgule, vous savez maintenant que vous n'êtes pas vraiment d'ici, que votre patrie, votre foyer, sont ailleurs. Combien de fois, en contemplant le ciel par une nuit étoilée, n'avez-vous pas éprouvé un sentiment de nostalgie, un « je-ne-sais-quoi » qui vous mettait des larmes aux yeux ?

Bien entendu, vous n'auriez avoué à personne, ni à votre meilleur ami, que vous éprouviez la nostalgie des étoiles. Difficile à admettre, n'est-ce pas ?

Et pourtant, ce sentiment que vous cachiez à tout le monde, y compris de vous-mêmes, revenait chaque fois que vous vous trouviez loin des lumières des villes, dans des endroits paisibles et silencieux, sous la voûte céleste parsemée de lumières.

La bonne nouvelle que j'ai à vous donner, du moins à ceux qui en doutent encore, est que ce sentiment est pleinement justifié. Vous êtes, chacun de vous, des enfants des étoiles. Mais il y a plus : vous pourrez bientôt y retourner, que ce soit pour y rester, que ce soit pour prendre de longues vacances une fois votre mission accomplie, ou pour une brève halte avant d'assumer un nouveau rôle à l'endroit de votre choix. Car la décision de ce que vous allez faire une fois retournés au Foyer vous revient entièrement.

Personne ne vous poussera à faire ceci ou cela, à aller à un endroit plutôt qu'à un autre. Personne ne vous a jamais poussés. Ici nous respectons entièrement votre libre arbitre. Donc, pas d'inquiétude à avoir.

Cette mise au point vous apaisera quant à l'avenir et vous aidera à vivre nos retrouvailles pleinement, l'âme en fête, le cœur léger.

J'ai hâte d'entendre le Maître de Céans déclarer à haute voix :

QUE LA FÊTE COMMENCE !

Pas vous ?

29 - Le mariage
(Intervention de Selaya)

Je me présente. Je m'appelle Selaya et vous n'avez sans doute jamais entendu mon nom. Je serais bien volontiers restée dans l'anonymat le plus complet si ma mission ne m'avait pas été clairement montrée par mon Maître.

Celle-ci exige que je me place en ce jour sous la lumière des projecteurs dont tant d'êtres rêvent, surtout les plus jeunes, mais dont je me serais bien passée.

Pourtant j'ai signé un contrat avant de venir sur la Terre et je n'ai pas l'intention de me soustraire à l'accomplissement de la tâche qui m'est dévolue.

J'ai l'air de rechigner, n'est-ce pas ? Vu de là-haut tout semble si simple, si facile ! Cependant, une fois plongés dans la 3e dimension, tout change complètement. Mettez-vous à ma place. C'est comme si l'on m'avait dit : « Tu es la nouvelle incarnation de Nefertiti et tu vas épouser de nouveau Akhenaton, dans tout le faste d'une cour »

On a déjà du mal à accepter *Qui on est* de toute éternité, et lorsque l'on a enfin intégré cette vérité parfois un peu inconfortable si l'on apprécie la simplicité, quelqu'un vous met encore sur les épaules un rôle qui vous semble démesuré.

Mais puisqu'il le faut, allons y.

Je dois vous annoncer un mariage. C'est en même

temps une réalité future (mais le futur n'est-il pas maintenant ?) et un puissant symbole.

Visualisez, si vous le voulez bien, deux êtres immenses dans un espace sans limites d'aucune sorte. Ce sont des Êtres de Lumière. L'un est masculin, l'autre féminin. Ils ne sont pourtant pas plus grands ni plus lumineux que vous, lorsque vous êtes revêtus de votre Divinité. Mais voilà, ils se présentent ainsi à vos yeux humains.

Ils ont d'énormes ailes blanches (symboliques). Ils se trouvent vis-à-vis et croisent leurs ailes dans un geste de protection. Par ce geste ils protègent une petite planète bleue, suspendue entre leurs deux cœurs, sur une couche de lumière dorée qui circule en permanence entre eux.

Au-dessus d'eux, une colombe blanche projette un rayon doré, rose et bleu, qui traverse la planète et va pénétrer le sein de l'être féminin. C'est la contribution du Créateur à cette union.

Autour de ces deux êtres, en cercles concentriques, se trouve toute la Hiérarchie Céleste et les êtres humains qui ont assumé leur divinité. Tous envoient leurs énergies vers le couple et participent ainsi à cette union.

Quelque part dans l'espace, un chœur angélique chante un hymne de joie à la Nouvelle Terre qui va naître de ce couple.

L'être masculin a des cheveux noirs et un teint basané. Il est asiatique, bouddhiste, probablement Himalayen. L'être féminin est blanc, a des cheveux châtain-clair, de type européen, chrétienne et très attachée à Maître Sananda.

Ils symbolisent l'union de l'Orient et de l'Occident, le dépassement de toutes les barrières de civilisations, de croyances, de coutumes, pour un avenir de paix, d'amour et d'harmonie.

Au-delà du symbole, ces êtres existent réellement et vous les verrez un jour, quand leur heure sera venue. Leur temps sera celui où l'humanité devra comprendre qu'il n'y a sur Terrequ'une race : l'HUMAINE et que toutes les différences doivent être, non point abolies, car elles font justement la richesse de cette planète, mais harmonisées dans l'amour et le respect de soi et de l'autre.

Alors le chœur angélique que vous venez d'entendre, si vous vous êtes bien concentrés sur la vision que je vous ai proposée, au point d'*être là* dans un des cercles qui entouraient le couple, ce chœur chantera sur la Terre et les humains l'entonneront avec lui. Tous célébreront avec faste la naissance de la Nouvelle Terre.

Gardez cette vision dans vos cœurs.

Et il en sera ainsi.

* * *

Moi, Maitreya, j'ai une explication à vous donner.

Selaya est l'élément féminin de ce couple, d'où ses réticences à en parler. J'ai voulu qu'elle s'exprime parce que sa mission est importante pour la paix sur la planète de demain.

Quant à l'élément masculin, c'est tout simplement sa Flamme Jumelle.

30 - La Joie

Je suis sur le point de terminer ces quelques messages destinés à vous aider à franchir avec aisance et facilité les derniers étages de votre ascension. Et quelle meilleure façon de les compléter qu'en vous parlant de la joie ?

Si vous êtes dans l'Amour Inconditionnel, vous ne pouvez être que dans la joie.

Si vous avez pleine confiance en votre Père/Mère/Créateur, en la Hiérarchie et en votre propre Divinité, vous êtes sûrement dans la joie.

La joie est à la vie ce que l'eau est à la plante.

La joie est liberté, elle est une paire d'ailes dans votre dos.

La joie est musique. Elle chante dans le silence.

La joie est un rempart contre le doute et la peur.

La joie est la compagne de la paix de l'âme.

La joie est le sourire d'un enfant, le vol d'un papillon, la danse nuptiale d'un couple d'oiseaux.

La joie est le cri strident du martinet croisant l'espace à la recherche d'insectes.

La joie est une tache de soleil sur la surface d'un lac.

La joie est la brise qui pousse les nuages et les fait

changer de forme à chaque instant.

La joie est cette branche d'arbre que le vent agite et qui ressemble à une main qui vous salue.

La joie est un feu qui crépite dans la cheminée les nuits d'hiver.

La joie est le tapotement des doigts de la pluie sur les vitres de votre fenêtre, puis l'arc-en-ciel qui vous ramène le soleil.

La joie est la vague qui vient un moment s'allonger sur le sable, se retire et recommence inlassablement.

La joie est le rire du ruisseau sur les galets de son lit.

La joie est le parfum qui monte de votre petit jardin ou d'un modeste pot de fleurs sur le rebord d'une fenêtre.

La joie est un rayon de soleil se faufilant par une fente des volets pour venir vous embrasser à votre réveil.

La joie est la voix d'un ami, un regard chaleureux qui vous réchauffe le cœur.

La joie est un petit caillou jeté dans une eau calme, qui fait des cercles de plus en plus larges et se propage jusqu'aux berges.

La joie est partout où vous saurez la voir.

Cultivez la joie comme on cultive des roses ou des orchidées. Ne la laissez pas se faner, mourir de soif ou d'abandon.

Soyez joie !

SUR LA JOIE
(Intervention à une Réunion d'Émergence)

La joie n'a pas besoin de prétextes. A l'instar de l'amour, dont elle est la sœur jumelle, elle se nourrit d'elle-même.

Vous pouvez trouver des motifs de joie partout : dans le chant d'un oiseau, dans une fleur qui s'ouvre, dans le simple fait de respirer, de vivre.

Plus votre joie est grande, plus elle alimente la Mienne, qui à son tour va renforcer la vôtre. Il se crée ainsi une communion, une émergence de joie qui peut remplir tout l'univers.

Soyez bénis pour votre joie et pour tout ce que vous êtes.

La Source

CONCLUSION

Je remercie tous ceux qui ont lu ces pages et ont donné à ces enseignements l'attention qu'ils méritent.

Que les énergies d'amour qu'ils contiennent, celles du Seigneur Maitreya mais aussi les miennes, nourrissent vos âmes et que vous soyez parmi les phares, les guides qui vont conduire la Terre et l'humanité aux dimensions supérieures.

Pour ma part ce fut une joie de transmettre et de vous aider à comprendre, en même temps que je les comprenais mieux moi-même, toutes ces manifestations merveilleuses qui nous projettent dans un futur très proche.

Que l'Amour, la Lumière, la Paix et la Joie soient avec vous pour toujours.

L'Auteure

TABLE DES MATIÈRES

Dernières parutions des Éditions Hélios

Au Nom de Qui vous êtes
(Messages des Rayons d'Or et d'Argent)

Vers un Monde de non-souffrance
(Messages de Maître Saint-Germain)

Miracles de la Force de Vie
(Le sentier de l'abondance)

L'aide de l'au-delà
(Le pouvoir de la prière)

Ascension vers Dieu

Lumière sur les Anges

Série Sananda

Transformation Planétaire

La Hiérarchie vous parle

Concile 1

Concile 2

Série L'Immortel

L'Immortel, livre 1

Révélations à Shamballa

La Clé perdue du Bouddha

Achevé d'imprimer par l'Imprimerie Moderne de Bayeux
ZI, 7, rue de la Résistance, 14400 BAYEUX
Dépôt légal : n° 15219 - Octobre 2004